中央防災会議

「事業継続ガイドライン」の

解説とQ&A

防災から始める企業の事業継続計画（BCP）

丸谷浩明　指田朝久〔編著〕

日科技連

まえがき

日本は，世界的にも自然災害の多い国であり，災害への備えの必要性は，国内ではもちろん，海外からも強く認識されている．特に，2004年の夏以降，梅雨前線による豪雨，台風，そして新潟県中越地震をはじめとする各地の地震など，大きな災害が連続したため，災害リスクの大きさが改めて注視されている．日本の企業にも，防災の取組みを強化したところも多いであろう．

日本政府も，2002年(平成14年)頃から企業の防災力向上のための検討に着手してきたが，2005年(平成17年)8月，「事業継続ガイドライン」が中央防災会議(事務局：内閣府防災担当)のワーキンググループから発表された．これは，災害により被害が発生しても，企業が重要業務をなるべく中断せず，またできるだけ早く従前の水準まで回復する備えを促進することを狙った対応指針である．

企業がこの事業継続に取り組めば，取引先をはじめとする利害関係者に災害リスクの面で安心感を与え，経営上有利になることも十分期待できる．一方，取引先から事業継続計画を示すよう求められ，果たせなければ，リスク分散のため競合他社が取引に招かれるかもしれない．さらに，社会全体としては，多くの企業が事業継続に取り組めば，災害による経済被害の波及を抑え，日本国内はもちろん，世界経済への影響を減少させることに役立つのである．

本書は，この「事業継続ガイドライン」をより効果的に活用していただくことをねらいとした解説書である．政府が企業防災の柱の1つとして事業継続の取組みを促進する背景や意図も，できるだけわかりやすく説明するよう努めた．また，著者らがガイドラインの説明の機会で実際に質問された事項を中心に「Q&A」を作成し，掲載しているのも，他にはない本書の特長である．

本書の編著者は，このガイドラインの策定に行政の立場および受託コンサルタントの立場で中心的な役割を果たした者であり，ガイドラインの内容に精通し，策定の背景や活用にあたっての留意事項を理解している．ただし，本書に記述した解説の内容は，筆者らの個人的な見解であり，中央防災会議・内閣府をはじめとする政府の公式な見解を示すものでないことをお断りしておく．

本書の内容は，中央防災会議の専門調査会の下におかれた「企業評価・業務継続ワーキンググループ」の委員，オブザーバー各位のガイドライン作成過程における様々なご発言や情報提供によるところが大きく，ここに厚く御礼を申し上げたい．また，ワーキンググループ事務局の内閣府防災担当および東京海上日動リスクコンサルティング㈱の皆様，そして日科技連出版社 編集担当の鈴木兄宏氏にも，心より感謝申し上げる．

本書が，日本企業の災害への備えを一層充実する一助になれば，誠に幸いである．

2006年1月

編著者　丸谷浩明，指田朝久

CONTENTS

CONTENTS

事業継続ガイドラインの目次

事業継続計画(BCP)の文書構成モデル例の目次

序　章

地震や風水害などの大災害への備えには，自助，共助，公助の適切な連携・組合せが必要である．行政が防災に先導的な役割を果たすべきことはもちろんであるが，広域的な災害が発生した場合，救助などの応急対策から復旧，復興に至る各段階をとおして，行政がすべてを担うことは到底できないのが実態である．過去の災害の例がそれを示している．

そこで，防災は社会の構成員が全員で取り組むべき課題であり，一般市民，自治会，企業，NPO，市区町村，都道府県，国の各構成員が，それぞれの役割を認識しながら取り組んで初めて達成できるという基本認識を，中央防災会議[1)]の下に設置された「民間と市場の力を活かした防災力向上に関する専門調査会」は提言の中で示している．

本書は，この社会の構成員の中でも，企業の防災の取組みを主に取り上げている．わが国経済の中で企業が果たしている役割はもちろん最も大きく，その防災の備えを促進せずに災害の経済的被害を軽減することはできない．

わが国企業の防災対策は，諸外国に比べても一般的には進んでいる．しかし，近年国際的に注目度を高めている「どのような災害･事故に遭遇しても重要業務を中断させない」という経営戦略である事業継続の面においては，残念ながら米英などに比べて遅れている．そこで，今，その取組みを進めれば，その企業自らが災害に強くなるメリットを得るほか，取引を通じた連鎖的な被害も減少し，わが国経済全体の災害対応力

1)　内閣総理大臣を会長とし，全閣僚，指定公共機関の長，学識経験者からなる会議．

が向上する．さらに海外からも防災の取組みの進捗として評価を受けることができるであろう．

1．事業継続の取組みとは何か

企業が災害や事故で重大な被害を受けても，企業として存続できるような備えが必要なのは当然のことである．具体的には，取引先などの利害関係者からは，重要業務が中断しないこと，中断しても可能な限り短い期間で再開することが望まれている．それは，企業自らの立場からみれば，重要業務中断にともなう顧客の他社への流出，市場占有率の低下，企業評価の低下などから企業を守るべきことを意味する．

このような，災害や事故の被害を被った場合においても事業継続を追求する計画を「事業継続計画」(Business Continuity Plan：BCP)と呼ぶ(**図表1**)．

事業継続計画の内容としては，バックアップのためのシステムやオフィスの確保，迅速な安否確認，即応要員の確保などが典型的なものである．その取組みの内容は，個々の企業の事業内容や企業規模に応じたものでよく，基礎的な取組みでもそれなりに効果がある．また，多額の出費をともなわずとも一定の範囲の対応は可能である．そこで，事業継続について，すべての企業に相応した取組みが望まれている．

事業継続のための取組みの特徴として，次の点が注目される．

- どのくらい事業が中断しても許容されるかを慎重に見極め，重要業務の目標復旧時間を設定し，その達成に向け知恵を結集し，事前準備をする．
- 重要業務の継続に不可欠で，再調達や復旧に時間や手間がかかり，復旧の制約となりかねない重要な要素(ボトルネック)を洗い出し，重点的に対処する．

図表1　事業継続計画(BCP)の目指すもの

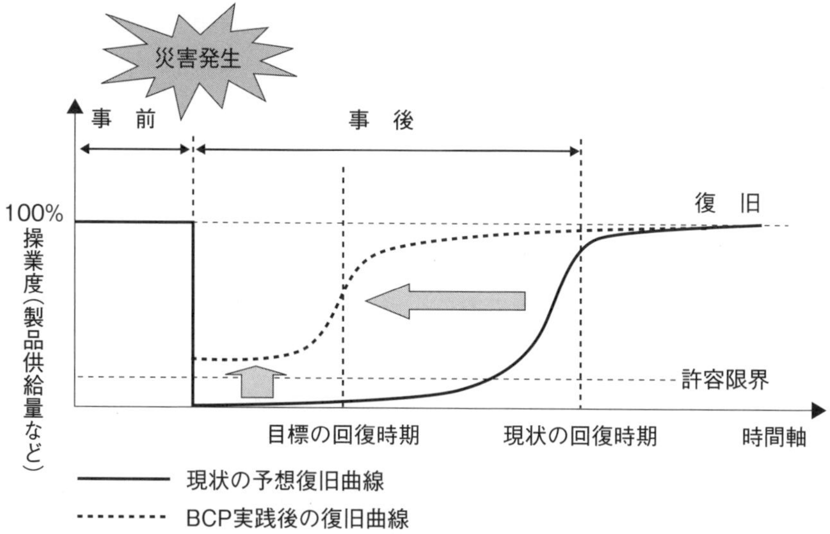

出典）『事業継続ガイドライン 第一版』，内閣府，2005年8月1日．

- 各重要業務の担当者が直接参画し，どのような被害が生じると重要業務の継続が危うくなるか検討を進める．そして，そのプロセスの中から，多くの災害や事故に共通して有効な方策も導き出される．
- 緊急時の経営，意思決定，管理などのマネジメント手法の1つに位置づけられるものである．そこで，この取組みを進めることで，企業のマネジメント力の改善・向上が期待される．

2．なぜ，今，事業継続の取組みが求められているか

世界的に見ても，日本は自然災害の多い国である．『平成16年度防災白書』(内閣府)によれば，世界全体に占める日本の災害発生割合は，マグニチュード6以上の地震回数22.9%，活火山数7.1%など，世界の

0.25%の国土面積に比して，非常に高くなっている．さらに，毎年，台風災害や豪雨にも見舞われる．2004年度は，梅雨前線による豪雨で大きな被害が発生したのに続き，史上最多の10個の台風が上陸し，そして新潟県中越地震をはじめとする各地の地震など，大きな災害が続いた．このため，日本の企業に対して，災害への備えが十分であるのか，海外からも従来以上に強い関心がもたれている状況にある．

日本においては，歴史的に防災の取組みが続けられており，防災対策は日本が世界に誇れる分野である．例えば，2004年末のインド洋津波の発生後，日本に地震津波対策を学ぶために各国の防災担当幹部が数多く来訪している．企業も，事業所の耐震化，予想被害からの復旧計画策定などの対策を進めてきた．

しかし，事業継続の取組みの面では，残念ながら日本は遅れている．米国，英国などでは，2001年9月11日の米国ニューヨークのワールドトレードセンタービルへのテロにおいて，事業継続計画(BCP)に沿って迅速に対応した企業が，それ以外の企業と明らかに事故後の業績の違いを示した事実などから，事業継続が重視され，その取組みが進んでいるが，日本ではあまり進んでいない．KPMGビジネスアシュアランス㈱の調査によれば，2003年の米国の主要企業ではBCP策定済み企業が56%，策定中が28%であるのに対し，2004年においても日本の大企業では策定済みが22%，策定中が23%である．また，㈱インターリスク総研は，日本の上場企業のBCM(事業継続マネジメント．事業継続の取組みとほほ同じ意味)導入状況は2005年で9.8%であり，2004年にBCI(Business Continuity Institute：事業継続協会)が海外企業を対象に実施した調査結果の約47%と比較しても大きく遅れているとしている．

また，近年，外国企業をはじめとして事業継続を重視する企業が，サプライチェーンをともに形成する他企業に対し，事業継続計画を示すように要請する例が増えている．そこには中堅・中小企業も含まれ，この対応のためにも，事業継続の取組みに対する政府の後押しが必要となっていると考えられる．

このような中で，中央防災会議の「民間と市場の力を活かした防災力向上に関する専門調査会」は，企業部門の災害被害軽減にはこの事業継続計画の策定を促進することが有効と判断し，2004年(平成16年)10月の提言に，事業継続計画の策定のためのガイドラインを策定すべきことを盛り込んだ．そして，2005年(平成17年)8月，『事業継続ガイドライン』の第1版が同専門調査会ワーキンググループにより公表されるに至った．

一方，国際標準化機構(ISO)の場で，事業継続の取組みについて国際規格化を進めるべきとの意見が先進諸国から出されており，2006年には具体的な検討が始まるとみられている．事業継続に関して第三者認証制度を備える国際規格とすることには，国内，国外にも慎重な意見が多いことから，協議がどのように進むか見通しがつきにくいが，日本の企業も，このような動きを意識しながら事業継続の取組みを進めていくことが求められているという現状にある．

3．企業や経営者の社会的責任と防災の備え

災害への備えと災害発生時の対応は，これを誤れば企業としての存続を危うくするので，株主や取引先が，備えが十分であるかどうかに関心をもつのは当然のことである．そこで，これら利害関係者の期待に応え，企業の経営者が責任をもって防災対策を講じるべきである．

もちろん，災害で被害を受けることは不幸なことであり，損害の回復をできるだけ社会全体として支援することに反対する人は少ないであろう．しかし，実際に被害にあった場合にそういった支援を期待しても十分得られる保証はない．災害が大規模で広域的なものになればなおさら

である．できる限り自らの備えを充実する必要がある．事業継続の取組みをはじめ，過去の災害や事故の経験を踏まえて企業の災害対策の手法や手段が発展してきている中で，それらを十分に活用せず漫然と被害を受ければ，批判を受けることにならないだろうか．

また，取引の国際化が進み，日本企業のかかわる取引についても，災害にあったらお互い様と契約履行を幅広く猶予するのでなく，契約不履行として損害賠償を求める範囲を広げる厳しい方向へと移っていく可能性もある．

さらに，企業の防災の備えは，企業の社会的責任(Corporate Social Responsibility：CSR)の観点からも必要となっている．経済性の観点では，自社の被害を軽減し，事業を継続することにより，株主や取引先への経済的損失を軽減し，雇用確保を果たすべきである．環境の観点では，災害時の二次災害の防止対策により環境に影響を与えかねない物質での汚染を防ぐべきである．そして，社会性の観点では，自らの事業の被害を少なくし，周辺地域住民の生命の安全確保や復興活動への寄与などの貢献活動に取り組む力を確保すべきである．

第1章

企業防災の必要性とわが国での取組み

1.1 連続する災害と企業防災の必要性

2004年度は，**図表1.1**に示すように，7月の新潟・福島豪雨(死者，行方不明者16名)，福井豪雨(同5名)，8月の台風第15号と前線にともなう大雨(同10名)，台風第16号(同17名)，9月の台風第18号(同45名)，台風第21号(同27名)，10月の台風第22号(同9名)，台風第23号(同98名)，さらには10月23日の2004年(平成16年)新潟県中越地震(同46名)と災害が相次いだ．

上陸した台風は観測史上最多の10個であり，阪神・淡路大震災以来の最大震度7を観測した新潟県中越地震も発生し，全国各地で人的被害・住家などへの被害が生じた．

さらに2005年には3月20日に福岡県西方沖地震が発生し，7月23日には千葉県北西部地震，8月16日には宮城県沖地震が発生するなど，社会の災害対策の必要性の認識も必然的に高まってきている．

これら2004年(平成16年度)の災害において，企業の被害もさまざまに報告されている．例えば，新潟県中越地震において電子部品メーカーの工場がかなり長く製造不能となり，経営問題にも発展した例が広く知られており，また，連続した豪雨災害において，それぞれの地元地場産業への被害でその存続が心配される場面が続いた．

このように，突然の自然災害により企業の事業存続が危うくなる事態は，今後の災害でも残念ながら予期される．しかし，その危機を事前の準備により乗り切ることができた例をわが国でも紹介することができる．1995年1月17日，阪神·淡路大震災で本社社屋に壊滅的な打撃を受けた神戸新聞社は，京都新聞社との災害時相互援助協定にもとづき当日の夕刊から新聞発行を継続した．以下，『「阪神大震災」全記録』(神戸新聞社編，神戸新聞総合出版センター，1995年，p. 162, pp. 172-175)からの引用である．「コンピュータが壊滅，復旧の目途もつかない．〈中略〉(荒

図表 1.1　2004 年度の日本の主な自然災害

年　月　日	災　害　名	主な被災地	死者・行方不明者数(人)
2004. 7.12～13	平成 16 年 7 月新潟・福島豪雨	新潟県，福島県	16
7.17～18	平成 16 年 7 月福井豪雨	福井県	5
7.29～8.6	台風第 10 号・第 11 号及び関連する大雨	中国，四国地方	3
8.17～20	台風 15 号及び関連する大雨	東北，四国地方	10
8.27～31	台風 16 号	西日本を中心とする全国	17
9. 5	紀伊半島沖・東海道沖を震源とする地震	愛知県，三重県，和歌山県	0
9. 4～ 8	台風第 18 号	中国地方を中心とする全国	45
9.26～30	台風第 21 号	西日本を中心とする全国	27
10. 8～10	台風第 22 号	東日本太平洋側	9
10.18～21	台風第 23 号	近畿・四国地方を中心とする全国	98
10.23	平成 16 年(2004 年)新潟県中越地震	新潟県	46
12～2005.3.	雪害	北海道，東北及び北陸地方等	88
2005. 3.20	福岡県西方沖を震源とする地震	福岡県	1

注）内閣府において情報対策室が設置されたもの，死者・行方不明者があったものなどを掲げた.
出所）気象年鑑，理科年表，消防庁資料.

川社長は)京都新聞社長に災害時相互援助協定の発動を要請した．午後2時半，京都新聞社着．神戸新聞から依頼した1面，社会面など4ページの17日夕刊は京都新聞がすでに制作，(神戸新聞の)題字を張り込んで刷版を作成，京都新聞のドライバーが神戸新聞の製作センターへ向かった．〈中略〉刷了は午後8時，「早く読者に届けるんだ」．発送部員は目を血走らせて輸送トラックを手配，姫路へ，加古川へ，明石へと出発する．そして，神戸，阪神間にも，可能な限り新聞の梱包を販売店に落とした．この日の夕刊はその後，「永久保存したい」と全国から神戸新聞社に要望が殺到，販売局員が応対に忙殺された．〈後略〉」その後も，新聞発行の苦労は続いたが，発行業務は継続されたとのことである．

1.2 日本企業の防災への取組み状況

わが国の防火対策は，公的消防などの優れた取組みにより，世界屈指の水準にあるといえる．個々の企業も防火対策を発展させ，地震や風水害などへの防災体制を構築しているが，その取組み状況はさまざまである．そこで，2002年(平成14年)3月の内閣府による「企業における自然災害の対応」調査報告書(アンケート調査(回答社数699社)とインタビュー(11社))から企業の防災対策の現状をみてみる．

(1) リスクマネジメントと関心のあるリスク

全体の71%の企業がリスクマネジメントを経営方針の中に入れており，その割合は従業員数が多い企業ほど大きい(**図表1.2**)．また，リスクマネジメントにおいて関心の高いリスクは，地震，火災・爆発，製造物責任と続き，労災，ネットワーク障害，そして台風，水害，テロ・誘拐，という順となっている(**図表1.3**)．

図表 1.2　リスクマネジメントと経営方針

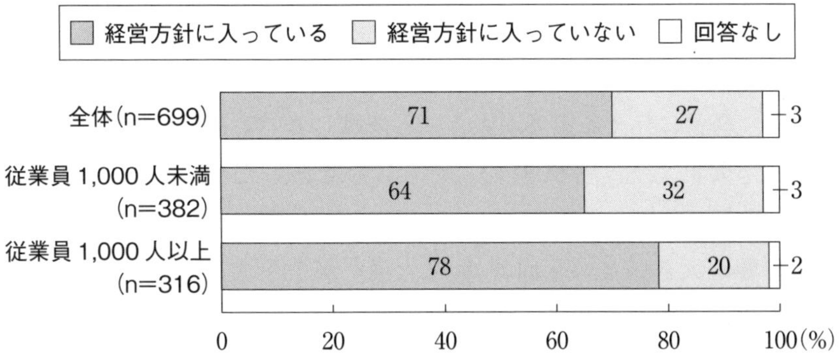

注）n は回答数を示す.
出典）『「企業における自然災害の対応」調査報告書』, 内閣府, 2002 年 3 月.

図表 1.3　リスク別関心度

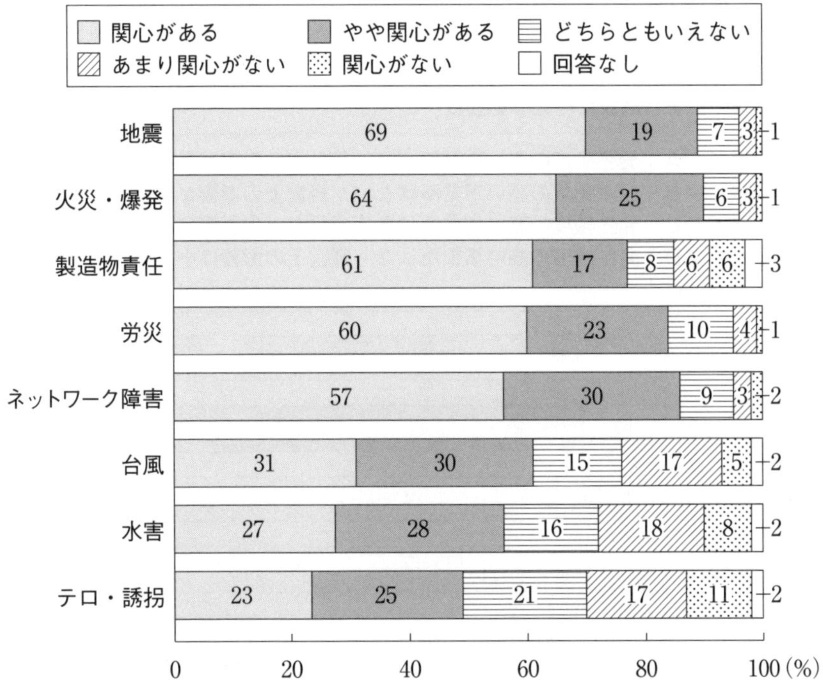

出典）『「企業における自然災害の対応」調査報告書』, 内閣府, 2002 年 3 月.

(2) 災害が経営に与える影響

本調査では，自然災害として，台風，水害，地震の各リスクを，またこれらのリスクとの比較を見るうえで火災リスクに対して調査を行っているが，経営に与える影響が大きいと認識している企業の割合は，地震が72%，火災72%，台風31%，水害31%であった(**図表1.4**)．さらに地震と火災を比較してみると，タイプA：発生頻度が高い事業所があり，その影響が大きいという回答は，「火災」が14%であるのに対し，「地震」は36%となっている．このことから，日本企業が経営に最も影響を与える災害と認識しているのは地震であるといえよう．また，従業員数(1,000人以上・未満)で区分した場合でも，規模が大きい企業ほどその影響を強く認識していることがわかる(**図表1.5**)．

図表1.4 災害が経営に与える影響度

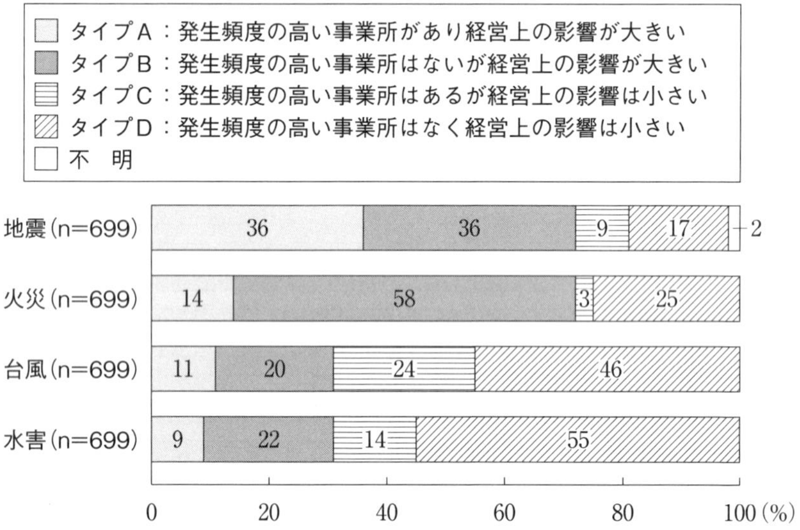

注） nは回答数を示す．
出典）『「企業における自然災害の対応」調査報告書』，内閣府，2002年3月．

(3)　防災対策の取組み内容

地震，火災，台風，水害に対する防災対策の内容は，緊急連絡網の整備，防災責任者の選任，自衛消防隊の編成，マニュアルの作成といったソフト面の取組みが目立っている（**図表 1.6**）．また，規模別の比較では，従業員 1,000 人以上の企業がすべての取組みにおいてより高い実施率を示している（**図表 1.7**）．

一般に，被災経験が対策強化の引き金になるといわれるが，被災経験

図表 1.5　地震が経営に与える影響度

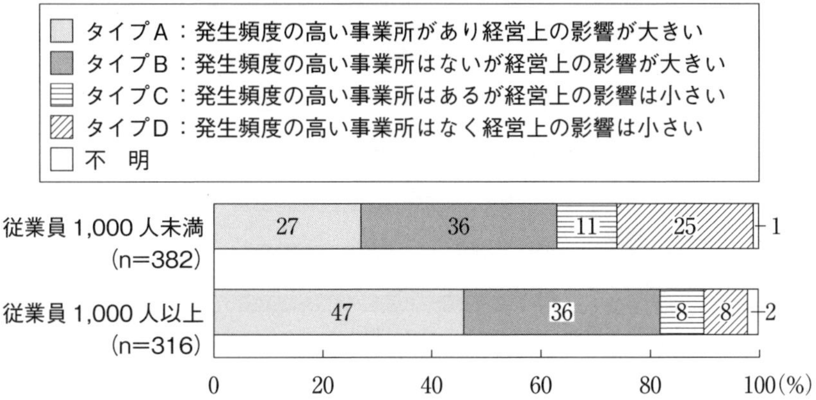

注）　n は回答数を示す．
出典）『「企業における自然災害の対応」調査報告書』，内閣府，2002 年 3 月．

図表 1.6　災害に対する取組み内容（1〜3 位）

	1　位	2　位	3　位
地　震	緊急連絡網の整備 82%	規則・マニュアル類の作成 60%	事業所内防災訓練の実施 56%
火　災	防火・火元責任者の選任 88%	緊急連絡網の整備 80%	事業所内消防訓練の実施 76%
台　風	緊急連絡網の整備 80%	防災責任者の選任 57%	自衛防災組織の編成 52%
水　害	防災責任者の選任 53%	自衛防災組織の編成 46%	規則・マニュアル類の作成 36%

図表 1.7　地震に対する取組み内容と対応度

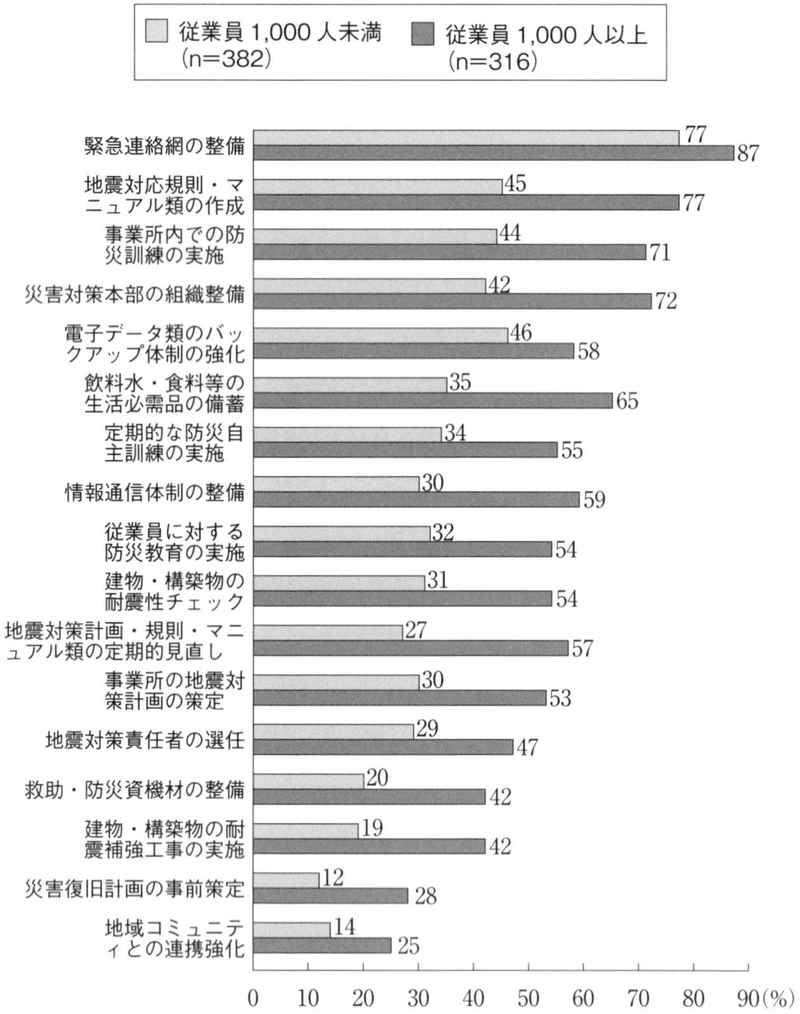

注）ｎは回答数を示す.
出典）『「企業における自然災害の対応」調査報告書』, 内閣府, 2002 年 3 月.

の有無にかかわらず，阪神・淡路大震災を契機に地震対策を強化した企業も多い．火災については，消防法を遵守し，消防署の指導のもとに対策を進めている企業が多く，風水害に対しては，従来からのリスクマネジメントの一環として実施している企業が多い．

(4)　自社の取組みに対する評価

火災，台風，水害に対する取組みについて「問題・障害事項がある」とした企業は36〜38%であり，現状で十分としている企業が多いと思われる．しかしながら，地震対策については57%の企業が問題・障害事項があるとしている(**図表1.8**)．

防災対策の取組み上の課題としては，社内に専門家がいない，経営者を含めた従業員の意識が低い，訓練が形式的，関係予算が少ない，などが挙げられている(**図表1.9**)．また，自然災害は発生頻度が少ないため対策費用の確保が難しく，企業の担当者は，どこまで対策を実施すればよいのかわからないといった悩みを抱えている．これらを解消するため

図表1.8　自社の取組み上の問題・障害事項の有無

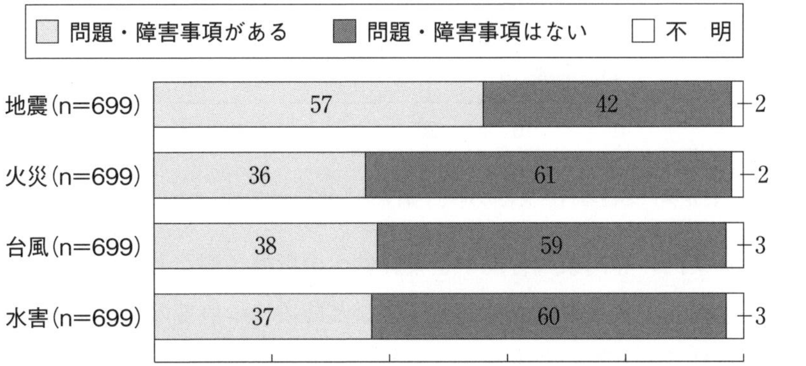

注)　nは回答数を示す．
出典)　『「企業における自然災害の対応」調査報告書』，内閣府，2002年3月．

図表 1.9　問題・障害の内容

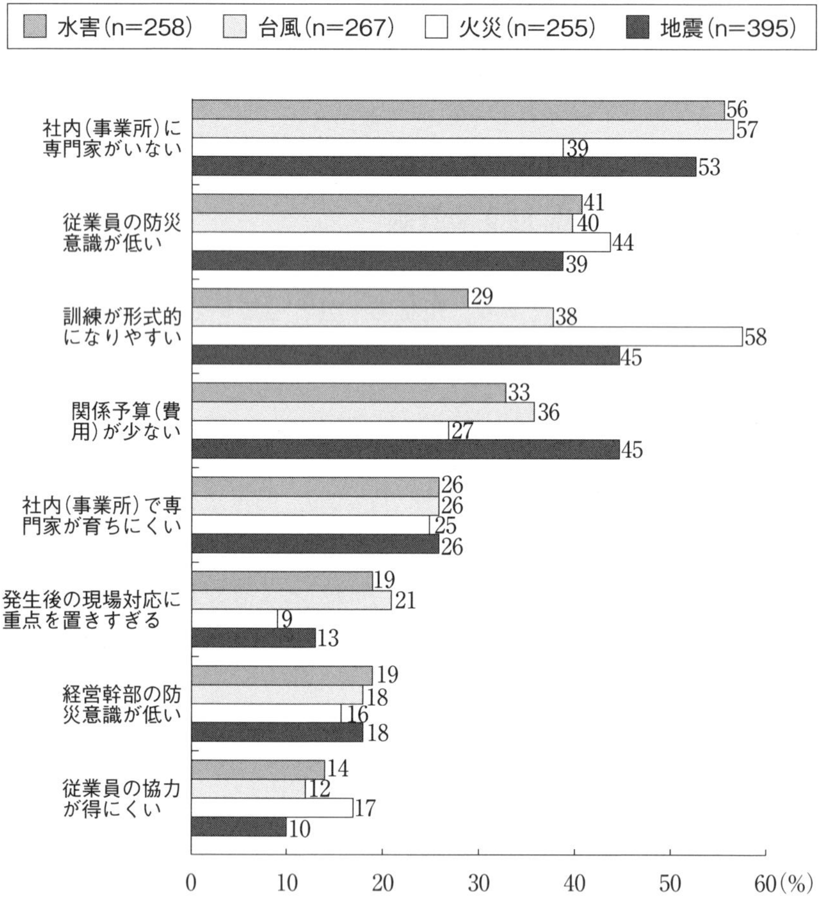

注）n は回答数を示す.
出典）『「企業における自然災害の対応」調査報告書』, 内閣府, 2002 年 3 月.

には, 企業内の専門家の育成や企業経営への影響予測などに関する情報が必要である. 事業継続ガイドラインなど防災についての何らかの指針が求められているといえよう.

1.3　大規模地震の被害想定と企業防災対策

(1)　地震防災戦略と企業における取組み目標

日本においては，災害の中でも特に地震対策が重要であり，海外の防災関係者に聞いても同じ意見である．

東海地震は，1854 年の安政東海地震から 150 年間起きておらず，いつ発生してもおかしくない．また，東南海・南海地震は，過去 100～150 年の間隔で発生しており，今世紀前半にも発生するおそれがある．千葉県東方沖から三陸沖にかけての日本海溝，三陸沖から十勝沖を経て択捉島沖にかけての千島海溝周辺では，約 40 年間隔で発生している宮城県沖地震をはじめとして，マグニチュード 7 や 8 クラスの巨大地震発生の切迫性が指摘されている．政府においても，海溝型の巨大地震や首都直下地震への備えについて，対策の検討が進められている．

国の中央防災会議では，2005 年(平成 17 年)3 月の会合において，東海地震および東南海・南海地震に対する「地震防災戦略」を策定した(**図表 1.10**)．この「地震防災戦略」は人的被害，経済被害の軽減について達成時期を含めた具体的目標(減災目標)を定め，これを達成するために重点的かつ戦略的に取り組むべき事項をとりまとめたものである．具体的には，「今後 10 年で死者数および経済被害額を半減させる」という「減災目標」を掲げ，それを達成するための「具体目標」として，住宅の耐震化率 90% を目指すことや，すべての沿岸市町村で津波ハザードマップ策定を目指すことなどを定めた．

この「地震防災戦略」の中でも，企業の事業継続の取組みが位置づけられている(「業務継続計画」という用語を使用しているが「事業継続計画」と同義)．間接的被害額の軽減，すなわち，生産活動停止による被害額の軽減を図るため，事業継続の取組みをガイドラインの策定により推進することとしている．数値目標としては，事業継続計画を策定して

図表 1. 10　地震防災戦略の概要

地震防災戦略とは

中央防災会議で決定

減災目標　*～人的被害、経済被害の軽減に関する具体的目標～*

例えば、「今後○年間で△△地震による人的被害を□□させる。」

具体目標

達成すべき数値目標、達成時期、対策の内容等を明示。

具体目標を設定すべき事項（例）

・住宅の耐震化
・津波ハザードマップの作成支援
・津波に対する海岸保全施設整備
・業務継続計画の策定推進
　等

地方公共団体に対して「**地域目標**」の策定を要請

（平成16年7月28日中央防災会議報告・承認）

対象地震　**被害想定**を実施し、**大綱**が定められた大規模地震

- 今回は、「東海地震」、「東南海・南海地震」が対象
- 「首都直下地震」等は、被害想定を実施し、大綱が定められた後、地震防災戦略の策定に着手。

対象期間

- 10年間（３年ごとに達成状況のフォローアップ）

出典）　平成 17 年 3 月 30 日中央防災会議資料.

図表 1.10 つづき1

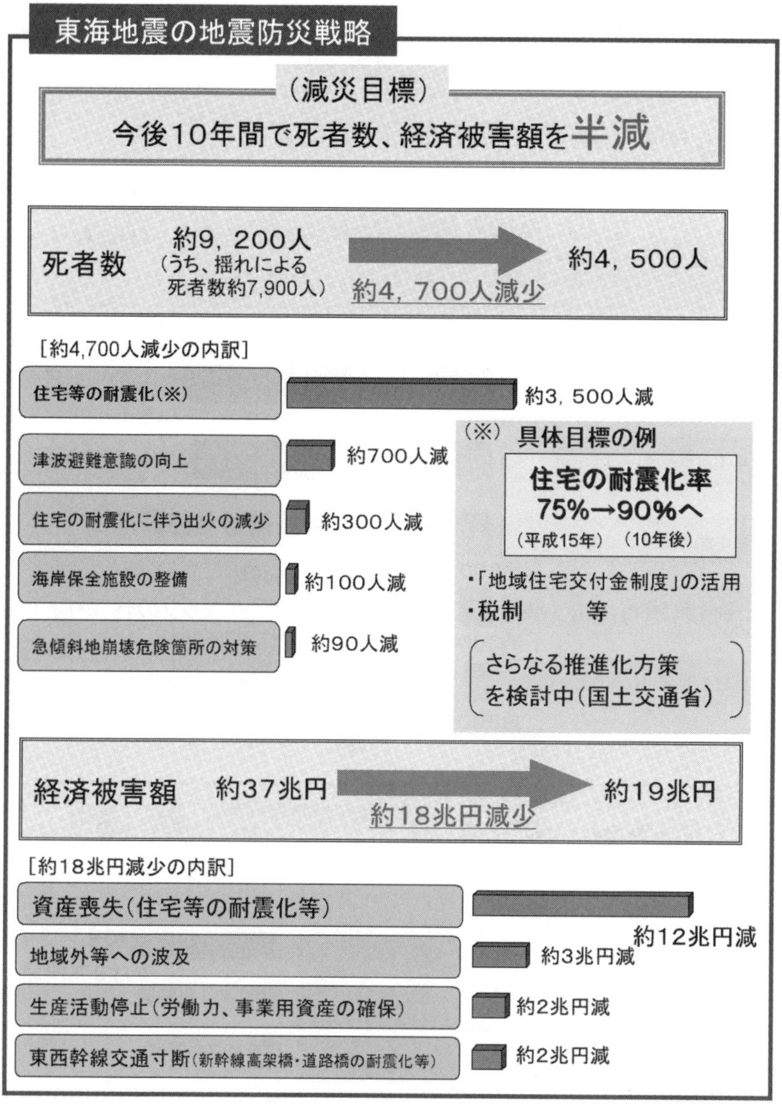

注 1) 被害想定の数字は最大のケース.
出 2) 数字は四捨五入の関係で合計が一致しない場合がある.

図表1.10 つづき2

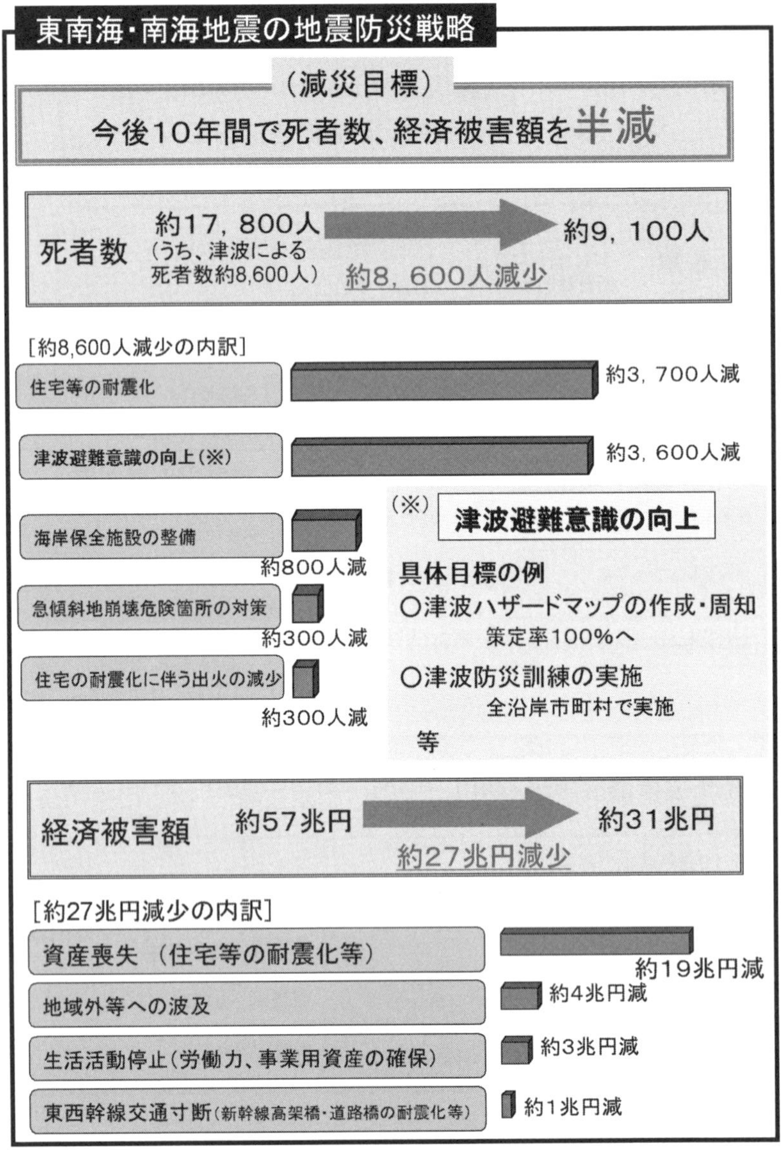

注1） 被害想定の数字は最大のケース.
出2） 数字は四捨五入の関係で合計が一致しない場合がある.

いる企業の割合を大企業でほぼすべて，中堅企業において過半を目指すとしている．これは，10年間で米国並みにすることをイメージしたものである(米国での事業継続計画策定状況については序章2項を参照)．

さらに，「地震防災戦略」では，政府が企業の防災への取組みを評価する手法を提示し，企業がその活用により自らの防災の取組みを点検することを政府として促進するとともに，進んだ取組みを行っている企業がその結果を公表することでメリットを得られるように政府が施策を講じる，といった対応も求めている．

なお，「地震防災戦略」の抜粋を巻末資料2として掲載しているので参照いただきたい．

(2)　首都直下地震の被害想定と対策の概要

中央防災会議の「首都直下地震対策専門調査会」では，首都直下の地震として18タイプの地震像を選定し，検討してきている．そのうち東京湾北部地震を，ある程度の切迫性が高いと考えられるなどの理由で，対策を検討するうえで中心となる地震と考えることとしている．

首都直下地震の被害は，建物倒壊および火災延焼による死者が膨大である．地震による被害規模は，季節，発災する時刻，風速などの気象条件により大きく異なるが，被害が大きくなると予想される18時(炊事などで火を使用している人が多いから)・風速15 m/s(台風の強風で火災が多く発生した関東大震災時の風速)の時の死者数は約11,000人，18時・風速3 m/s(阪神・淡路大震災時の風速)で約7,300人と予測される．また，これにともなう膨大な経済被害の発生が予測され，直接被害，間接被害を併せて18時・風速15 m/sで約112兆円(**図表1.11**，**図表1.12**)，風速3 m/sで約94兆円の被害額が予測される．

この首都直下地震の被害想定を受けて，首都直下地震対策専門調査会では，企業の防災力の向上策として，要約すれば次のような事項を挙げ

図表 1. 11　首都直下地震の建物被害・人的被害

（東京湾北部地震M7.3　冬夕方18時　風速15m/s）

①建物全壊棟数・火災焼失棟数　約85万棟　②死者数　約11，000人

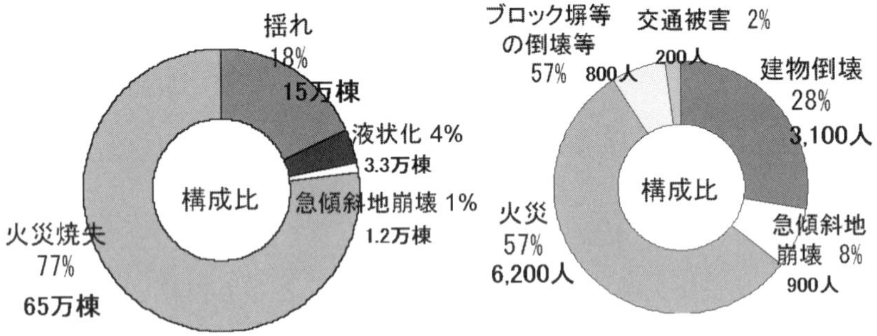

③避難者数は、最大で約700万人。うち、避難所生活者数は約460万人。

④帰宅困難者数は、約650万人。

出典）　中央防災会議　首都直下地震対策専門調査会資料.

図表 1. 12　首都直下地震の経済被害

（東京湾北部地震M7.3　冬夕方18時　風速15m/s）

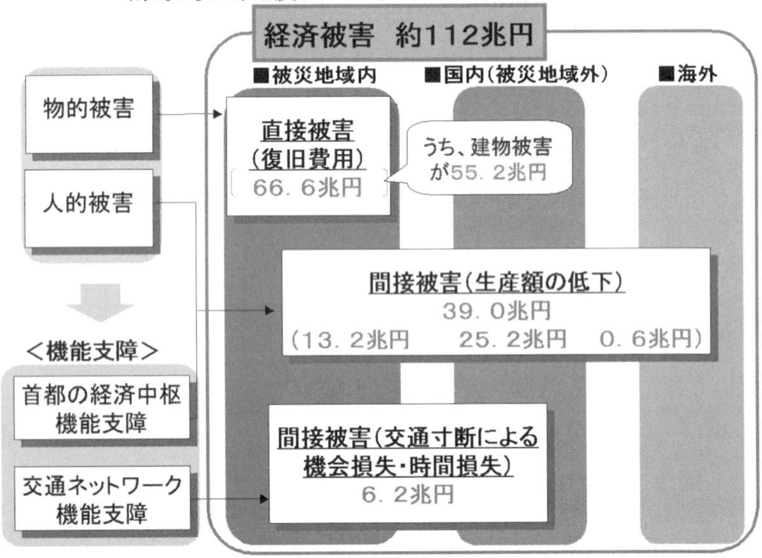

出典）　中央防災会議　首都直下地震対策専門調査会資料.

ている．

a）　事業継続性の確保～BCPの策定と実行

事業継続計画(BCP)を策定し，同計画に基づき対策を実践し，それを改善・発展・定着させるための継続的な取組みを平時から実施することが重要である．一方，行政においては，企業によるBCP策定を支援・促進する立場から，BCPガイドラインの提示，企業に関する評価制度の導入を図る．

また，施設の耐震性，バックアップのシステムやオフィスの確保，即応した要員の確保，迅速な安否確認など，企業の防災に対する具体的な取組みを自己評価できる環境を整えるほか，防災報告書，防災会計，防災協力事業所の認定など，防災の取組みを外部にPRできる仕組みを民間と行政が共同して構築する．

b）　防災社会構築への貢献

企業は，災害時の事業継続性の確保に努めるに留まらず，防災社会構築に向けて地域貢献を果たす責任がある．

企業倫理・社会的責任は，従来からの取組み領域であり，顧客や従業員等の安全確保・安否確認，周辺地域への波及影響の防止が挙げられる．

事業活動を通じた社会革新としては，減災技術の開発や，リスクファイナンスなどの多様な金融商品開発と販売促進などがある．投資的社会貢献活動としては，周辺地域の救援として，平常時からの関係部局団体との連携強化，従業員の消防団，自主防災組織等への参加促進等，地域防災力に積極的に貢献する．災害時の地域貢献には，援助金，敷地の提供，物資の提供などに加え，技術者の派遣，保有する資機材を使ったボランティア活動などがある．

第2章

事業継続計画（BCP）は
なぜ
注目され始めたか

2.1 米英で段階的に発展してきた企業の防災対応

(1) 事業継続への関心の高まり

事業継続への関心は，1970年代から高まりをみせている．それは，金融機関を皮切りに，情報システムが企業の中に入り始めた時期と重なっている．経理業務をはじめとする膨大な事務処理を情報システムに置き換えるプロジェクトが進み始め(そろばんによる手計算に対して，当時は情報システムを電子計算機と呼んでいた)，やがて企業は，その基幹部分を情報システムに依存することとなる．そして，当時の情報システム機器はきわめて高価であり，システムの安定性も現在ほどではなかったため，万一システムが停止した場合の対応策が検討され始めた．

その後，情報システムの発展と社会への浸透は，金融機関のATMの普及などにより加速され，情報システムを長期間停止させない対策が社会的にも必要となってきた．このことから，事業継続の考え方は情報システムのバックアップを中心に発展したともいえる．日本においても1980年代は，金融機関からほぼすべての産業に情報システムが浸透し，銀行などの金融機関が相次いでバックアップセンターを構築した時期でもある．

1980年代の事業継続については，欧米ではコンティンジェンシープラン(Contingency Plan：不測事態対応計画)として認識されていた．このコンティンジェンシープランとは，あらかじめ想定される事件や事故への対応計画であり，情報システムの停止以外にも火災や地震，水害，竜巻，テロ，暴動などによって長時間操業が停止する事態が発生した場合に，どのように対応するかを事前に検討しておくものである．

このほか，工場火災が発生した場合にどのように工場を再建するか，またその間の財務手当てをどうするかといった「災害復旧」という概念もあり，災害復旧計画(Disaster Recovery Plan)が策定されている．

なお，企業そのものの存続がおびやかされる事態に陥った場合に，いかに非常事態を切り抜けるかといった企業の危機管理は，1982年に発生したある米国企業の毒物混入事件[1)]をきっかけに，コンティンジェンシープランなどと並行して徐々に米国企業の中に浸透していった．

また，危機管理の成功事例としては，1988年，ロサンゼルスの銀行が火災発生後30分でディーリングルームをバックアップセンターに移し，業務を再開した例がある[2)]．

(2)　災害対応の実践と事業継続の有効性

企業の事業継続計画，災害復旧計画，コンティンジェンシープラン，危機管理などが災害対応に有効であると知らしめたのは，1989年，米国サンフランシスコ周辺に大きな被害をもたらしたロマ・プリエタ地震である．この地震によってサンフランシスコとオークランドを結ぶベイブリッジが落下したり，高速道路が倒壊するなど，都市型地震災害の怖さが明らかになった．また，ロマ・プリエタ地震は，シリコンバレーの各企業に工場の操業停止などの影響を与えたことでも知られている．

この地震において，被災地域のすべての金融機関は，あらかじめ用意しておいたコンティンジェンシープランにもとづき，停電や交通網の麻痺の中でも金融決済の仕組みを維持した[3)]．具体的には，情報システムと小切手の事務集中センターをバックアップセンターに切り替えて，重要業務を継続したのである．

---

1)　タイレノール事件：ジョンソン＆ジョンソン社の主力製品である鎮痛剤「タイレノール」に何者かが毒物を混入し，消費者7名が死亡した事件．経営陣の陣頭指揮による緊急対応チームの設置，情報を隠さない素早い広報対応，製品改良による早期復帰などは今日の危機管理のベストプラクティス(先進的事例)に通じるものがある．

2)　ファースト・インターステート銀行の火災事故．62階建て商業ビルの12階～15階が全焼し，16, 17階が一部焼損した．火災覚知後鎮火まで3時間43分を要した．

3)　米国は日本と異なりATMの依存率は低く，小切手の依存率が高いため，小切手の決済をいかに継続させるかがコンティンジェンシープランの中心であった．

1993年，米国ニューヨークのワールドトレードセンタービルの爆破テロでは，ビルの電源設備などが破壊されたことにより最大2カ月程度ビル機能が停止している．

本事件においても，多くの金融機関などがニュージャージー州のバックアップセンターを活用したり，バックアップサービス業を活用したりしたため，コンティンジェンシープランや災害対策の有効性が明らかになった．当時の調査報告書(例：『ニューヨーク世界貿易センター爆破(1993年)被害と復旧』日本建築学会)には，すでに「業務復旧計画に関わる問題と提言」の項があり，業務継続について触れられている．

(3) 世界的な経済拡大におけるサプライチェーンへの着目

この米国における地震やテロとほぼ同時期に，英国の金融街でテロが発生した．これらの対応を通じて，事業継続への取組みの重要性が指摘され始めたが，当時はまだ，金融機関や情報サービス産業などの限られた分野のみが事業継続に取り組んでいたというのが実情であった．その後，いくつかの事件が発生し，製造業も事業継続に関心をもつようになる．

1990年代の経済の特徴としては，世界的な企業のネットワークの拡大が挙げられる．特に半導体業界においては，米国企業が優秀な部品の調達を日本やアジア諸国に求めるケースが増加した．いまや1つの製品を1つの企業が製造することは少なくなり，完成品を扱う企業を頂点に，部品を供給する企業がそれぞれ受発注でつながっていくサプライチェーンの仕組みが普及してきている．これは，万一サプライチェーンのどこか1つの企業が被災し，操業を停止した場合には，そのサプライチェーンのすべての企業に影響が及ぶことを意味する．特に，情報システムと物流システムを駆使した中間在庫を減少させる仕組み(ジャスト・イン・タイムなど)においては，その影響が早期に発現しやすい[4)]．

1999年に台湾で発生した集集地震による部品メーカーの操業停止は，世界的に半導体産業の操業に影響を与えたが，このような経験を積み重ね，サプライチェーンマネジメントに災害対策が組み込まれていくこととなった．

この他，コンピュータの西暦2000年問題に関し，1998年から1999年にかけて，万一情報システムが停止した場合に，いかに事業を継続するかについて，世界中のほとんどすべての企業が検討していたが，その対策の内容は現在の事業継続ガイドラインの項目をほぼ網羅している．このように事業継続の思想は，これまでの歴史の中で熟成されてきたのである．

2.2 欧米における事業継続の取組みの必要性

(1) 2001年9.11同時多発テロ事件の影響

事業継続の考え方は，災害復旧計画，コンティンジェンシープラン，企業の危機管理，情報システムのバックアップ対策などのさまざまな試みにより生まれたものである．

この事業継続の考え方を世の中に知らしめることになった大事件が，2001年9月11日に発生した米国の同時多発テロである．1993年以来再びテロに見舞われたニューヨークのワールドトレードセンタービルが破壊され，多数の死傷者を出したことは記憶に新しい．また，一瞬にして事務所を失った多くの企業が，その事業をどのように継続させたかについて注目が集まった事件でもある．

金融機関をはじめワールドトレードセンタービルに入居していた各企

4) ただし，ジャスト・イン・タイムは効率的であることのみならず，災害発生時の製造工程の同期がとりやすく操業復旧が容易なこともあり，いちがいに災害に脆弱であるとはいえない．

業は，バックアップセンターを稼動させることで事業の継続に成功した．しかしその一方で，役員・従業員のキーパーソンの喪失，十分な事務所スペース確保の難しさ，重要な書類(バイタルレコード)喪失による予想以上の悪影響など，従来の対策の改善点も浮き彫りになった．そして，事件の影響を受けて証券取引所が一時的に閉鎖となり，事業中断を余儀なくされたことなどから，米国では官民あげて事業継続への取組みを強化することになったのである．

(2) 事業継続という考え方の確立

事業継続計画，災害復旧計画，コンティンジェンシープラン，危機管理などさまざまな考え方が並行して育ってきたが，ここにきて事業継続という概念で考え方が体系化されてきた．事業継続の考え方は後述するが，発展の経緯から事業継続にはこれらの各要素が当然ながら含まれている．

「事業継続は防災対策や危機管理とどこが違うのか」，あるいは「新たに別のことを実施しなければならないのか」という素朴な質問を耳にすることも多い．ここで事業継続に求められる要求事項をよく吟味すれば，その実践に必要な要素はすでにどこの企業でも多かれ少なかれ実施していることに気づくはずである．したがって，事業継続とはこれまでの防災への取組みを集大成させ，さらに考え方を体系化して整理したものと理解すると導入しやすい．目標復旧時間を設定したり，地震だけでなく病原菌による事業所の停止も検討するなど，その対策の幅の広さや新たに取り組むべき着眼点は当然あるものの，企業にとってまったく新たな取り組みを始めることではない．しかしながら，このことが事業継続の考え方が従来の災害対策と同レベルにあると誤解されやすい点に留意する必要がある．

2.3 海外から求められる事業継続への取組み

(1) わが国の事業継続

日本においても，1984年(昭和59年)の世田谷ケーブル火災事故，1995年(平成7年)の阪神・淡路大震災，自動車部品製造会社の火災事故，西暦2000年問題，関東地域電力不足対策など，事業継続の検討を開始するきっかけとなる災害や事故が少なからず発生している．しかしながら，いずれも防災対策の見直しなどを論議し，対策を強化するにとどまり，事業継続という思想での取組み強化までには至っていない．

特に阪神・淡路大震災では，あまりにも人的被害が大きかったため，生命の安全確保の見直しや対策の強化(このことは事業継続の大前提であり，非常に重要なことである)に終わってしまったともいえる．しかし，事業継続としての取組み強化に至らなかった最大の要因は，日本企業の経営の仕組みによるところが多いと考えられる(後述(3)項参照)．

(2) 日本の事業継続に関する過去の取組み

事業継続の前身となる災害復旧計画やコンティンジェンシープランなどの普及策としては，古くは1977年(昭和52年)に当時の通商産業省が策定した「電子計算機システム安全対策基準」がある．また，各省庁は情報システムに関する分野ごとの安全対策基準を策定している．金融情報システムセンター策定の「金融機関のコンピュータシステムの安全対策基準」では，1991年(平成3年)2月の改訂の際，その運用基準の中に，コンティンジェンシープランについての記述を盛り込んでいる．

しかしながら，これらの基準は，金融機関や情報サービス産業の情報システム部門に焦点を当てたものであるため，製品やサービスの供給をいかに継続するかという企業の全社的な行動指針となるまでには至っていなかった．

(3) 経済の国際化による影響

a) リスク情報の開示

日本企業が事業継続に関心をもつに至った要因の1つに，経営環境の変化がある．なかでも企業の経営に大きな影響を与えたのは，リスク情報の開示と国際会計基準の導入である．

日本でも投資家の保護と金融市場の育成を目指し，2004年(平成16年)3月期決算における有価証券報告書から「事業等のリスク」の項目が新設され，経営者は業績に大きな影響を与える可能性のあるリスクを開示しなければならなくなった．今後，日本企業は，企業を取り巻くリスクとして，製品販売の競争激化や新製品の開発などの事業リスクに加え，地震，水害，火災などの災害リスクについて記載することが求められるようになったことで，経営者が災害リスクを以前にも増して認識するようになると考えられる．ただし，どのリスクを取り上げるかは企業の経営者の判断に委ねられており，現在のところ地震などの自然災害を取り上げている企業は10%程度である．なお万が一，有価証券報告書に記載されていないリスクが発生し，企業経営に大きな影響を与え，そのリスクの発現が十分考えられるものであったと認められた場合には，情報開示の不備として株主や投資家から損害賠償を請求される可能性もある．

企業を取り巻くリスクとして地震などを取り上げた場合には，当然のことながら株主や投資家からどのような対策を講じているかについて説明を求められることになる．そして，このような株主や投資家との情報交換を通じて，災害発生後の業績維持の必要性について経営者が関心をいだくようになると期待されてもいる．

b) 国際会計基準の導入

もう1つ日本企業を取り巻く環境の変化で重要なものは，国際会計基準の導入である．従来，日本企業(特に上場企業)はさまざまな企業と株式を持ち合いながら多くの株式を保有してきたが，その株式の評価は，時価ではなく購入時価格で評価する日本式会計基準にもとづいていた．このため日本企業は，高度成長時期を通じて株式価格が額面を大きく上回るのにもかかわらず決算に現れない，いわゆる含み益が大きい状況にあった．業績の一時的な悪化の際に株式を売却して当座をしのぐ手法が一般化し，災害が発生しても何とかなるとする経営者も多かったといわれている．

ところが，経済の国際化が進展するにつれて，会計基準を統一する必要性が高まり，日本にも国際会計基準が導入されることになった．国際会計基準では，保有株式は時価で評価するため，保有株式の価格の上下が企業の業績にそのまま反映されるようになった．なお，このような影響は株式を多数保有している企業にとって好ましくないこともあり，保有株式を削減する方向で取り組む企業が増えている．

このため，今までのように時価より相当低い取得価格で評価しておいた保有株を時価で売却することで得られる多額の差益(いわゆる含み益)を損失の穴埋めに利用することができなくなり，企業の経営者は災害が引き起こす業績の悪化防止に，今まで以上に力を注がなければならなくなったのである．

このような経営者の意識の変化が，総務部門を中心とする人道的な対応や防火対策を軸とした工場や事業所単位の防災対策から脱して，企業全体を俯瞰した総合的な事業継続体制の構築に変わりつつある大きな要因となっている．

(4)　海外からの日本企業への要求

日本企業が事業継続に取り組み始めたきっかけとしては，経営環境の変化による経営者の意識変化が挙げられるが，直接的には，やはり事業継続の先進国である海外からの要請である．特に海外との取引の多い金融機関や情報サービス産業，半導体産業が事業継続に熱心に取り組んでいる．

a） 金融機関の取組み

米国の金融当局は，9.11同時多発テロで金融市場を一時的にも停止したことに対して，二度とこのような事態が発生することのないように対策をとるとしている．そして，米国の金融機関に対して，より良い事業継続計画を構築するよう監督を強化している．金融システムは世界的なネットワークで結ばれているため，世界のどこかの金融機関の業務停止が各国に波及するおそれがある．そのため，各国の金融当局は，金融機関の事業継続への取組みを米国と連動して強化している．日本でも，金融庁は阪神・淡路大震災の教訓を活かして対応策を強化してきているが，西暦2000年問題やシステム統合のトラブルなども踏まえて，危機管理や事業継続に関する検査をさらに強化する方向である．

b） 情報サービス産業の取組み

日本でも情報サービス産業においては，早くから安全対策の強化に努めてきており，1981年(昭和56年)には「情報処理サービス業電子計算機システム安全対策実施事業所認定基準」を定め認証制度を開始している．その後，国際標準化機構(ISO)で情報セキュリティに関する国際標準規格ISO 17799が制定されたことを受け，この認証制度を発展的に解消させ，情報セキュリティマネジメントシステム(ISMS)認証制度を構築し，今日に至っている[5)]．

ISMSの要求事項には大きく分けると10の大項目があるが，その中の1つに「事業継続管理」という項目がある．このISMS制度の認証を受けるためには，必然的に事業継続計画を策定しなければならなくなったのである．ISMSの認証を得た事業者は，2005年9月現在1,000事業所を超えている．また，当初は情報サービス産業が中心であった認証制度の活用は各産業に広く普及してきている．

さらに情報サービス産業においては，情報システムを製品サービスの中核におく特質から，契約者とのサービスレベルについての契約(Service Level Agreement：SLA)の中で，目標復旧時間を定める事例も増えてきており，国際標準規格の進展と相まって事業継続を発展させているところである．

c） 半導体産業の取組み

製造業の中で最も早く世界的なサプライチェーンに組み込まれた半導体産業は，米国の事業継続の取組み強化の影響を強く受けている．米国の半導体業界は，過去にサプライチェーンのさまざまな事件や事故の影響を受けたこと，また西暦2000年問題の折，株主からサプライチェーンへの事件・事故の影響の重大さを指摘する声が強まったことを受け，部品供給会社の査察を強化している．半導体業界の査察制度は，SSQA(Standardized Supplier Quality Assessment：供給者品質評価)と呼ばれ，製品の品質管理の国際標準規格であるISO 9000をベースに，マルコム・ボルドリッジ賞(米国国家経営品質賞)の考え方である顧客満足度に焦点を当てたものである．製品の品質向上や納期を守ることなどに加えて，災害対応などの事業継続計画の実態が査察の対象となっている．したがって，部品供給会社はサプライチェーンに連なる企業の部品供給企業への査察の実施を求めており，連鎖的に各企業が事業継続への取組

5） 情報セキュリティマネジメントシステムに関する認証制度において，2005年にISO 27001(情報セキュリティマネジメントシステム－要求事項)が制定された．これにともない，情報セキュリティに関するベストプラクティスを定めているISO 17799(情報セキュリティマネジメントの実践のための規範)は，2007年にISO 27002に移行される予定である．

みを強化する状況を生み出している.

なお，大きなサプライチェーンをもつ家電産業や自動車産業においても，自社の事業継続への取組みを強化したり，サプライチェーンの各企業に対して事業継続計画の策定を促す動きが出てきていることは注目に値する.

第3章

日本における
企業防災の取組み経緯

3.1 内閣府の企業防災懇談会と日本経団連の懇談会

政府が民間部門の防災における役割を重視し，民間の知恵と力を活用して災害対策に取り組むことになったきっかけの1つは，2002年(平成14年)4月の中央防災会議における小泉内閣総理大臣の発言であった．具体的には，「これからの都市が，その魅力や国際競争力を高めていくには，『災害に強い都市』の構築が必要．『災害に強い国』の実現を考える場合，いかに民間の知恵と力を活用するかが重要．災害対策の分野に，『市場』のスピード，活力を導入できれば，質・量ともに充実した対策が可能になる．」との発言であった．

(1) 内閣府「防災と企業に関する検討会議」

この発言も受けて，当時の鴻池防災担当大臣が2002年(平成14年)12月に「企業と防災に関する検討会議」を内閣府に設置した(座長：樋口公啓 日本経済団体連合会 副会長)．翌2003年(平成15年)4月には，「企業と防災～今後の課題と方向性」をとりまとめたが，そこでは，「地域防災と企業」「企業連携による防災まちづくり」「市場の力を活かした防災力の向上」「企業のリスクマネジメント」の4つの課題に対し，その後の検討の方向性が提示された．

事業継続計画に関しても，2001年9月11日の同時多発テロ以降，米国などで多くの企業が事業継続計画を作成するに至ったことを指摘し，策定のための環境整備が必要とした．また，施策のイメージとして，

- 必要な防災関係の情報の提供と企業との意見交換
- 中小企業の事業継続計画(BCP)策定に対する支援
- バックアップオフィス立地と地方公共団体の企業立地政策の連携

を掲げた．

(2)　日本経済団体連合会での検討

一方，日本経済団体連合会においても防災の検討が行われ，2003年7月に「災害に強い社会の構築に向けて」を公表した．そこでは，行政への要望として，「一元的な防災体制の確立」「きめ細かい情報提供と情報共有化」「地域と企業の連携促進に向けた自治体の役割」「実践的な訓練の実施」「防災教育の充実」などが提言された．

事業継続計画に関連する事項としては，次のような内容が含まれており，本書が紹介する「事業継続ガイドライン」の検討の前提となる重要な考え方が述べられている．なお詳細は，日本経済団体連合会のホームページを参照いただきたい(2005年12月現在)．

http：//www.keidanren.or.jp/japanese/policy/2003/070/index.html

2. 企業が取り組むべきこと

（1）　企業への期待―企業内の防災対策から地域防災への協力へ―

〈前略〉経済のグローバル化の中で，災害によるダメージがただちに国際競争力の低下を招きかねないこと，少子高齢化の中で地域コミュニティーの組織力が弱体化する傾向があること，ITをはじめとする先端技術が普及する中，災害時には社会システム全体が麻痺する可能性もあることなどから，指定公共機関，銀行，物流など公共的な役割を担う企業をはじめ，あらゆる企業が，社会・経済システム安定に向けて努力することが必要になっている．

（2）　社内における取組み

1）　被害を想定し実践的取組みを

防災は社員の一人ひとりが意識を持たなければ効果を発揮できない．危機に強い組織をつくることは経営者の責務である．したがって，企業が社内的に取り組むべきことは，まず，被害を想定し，経営トップが，自然災害に伴う損失の極小化を目指すことを明らかにし，防災体制の基本方針を確立することである．そして，防災対策の基本方針にしたがって，マニュアルを作成し，実践的な教育訓練を通じて周知徹底することが必要である．〈中略〉マニュアルの作成にあたっては，人道的な対応(人命救助・救援，二次災害防止)と事業継続(代替生産の確保，早期復旧対策)の２つの視点から，(ア)日頃の備え，(イ)人命救助・救援，２次災害の防止と社員や社員の家族の安否確認などを優先させる災害発生の直後の対応，(ウ)地域社会への貢献も含めて対応が必要となる災害発生後2～3日の対応，(エ)事業活動の再開に向けた活動を開始する一週間経過後，という4つの段階ごとに，対応を検討しておく必要がある．また，業務内容の変化に合わせた不断の見直しが必要である．

マニュアルの整備に併せて，防災担当者の育成やレベル向上，社員の防災意識向上に取り組むことが重要である．さらに，派遣社員や外国人の従業員などにもマニュアルの内容が浸透する工夫が必要である．

さらに，このような社内体制の整備に加えて，関連会社や協力会社に対して地震対策の重要性を呼びかけ，助言を行うことも重要である．〈中略〉

２）　経済活動の早期復旧のために

被災後いち早く事業活動を再開するためには，事業活動の生命線である各種データ，情報システムの保全に取り組むことが重要である．また，復旧資金の確保が不可欠である．〈中略〉万一に備え，復旧資金の多面的な確保の方策を検討しておく必要がある．

これらの検討を受けて，2003年7月29日に，内閣府と日本経済団体連合会の主催による「企業と防災に関するシンポジウム」が開催された．上述の内閣府の検討会議および日本経団連の懇談会の報告や提言内容を幅広く周知するとともに，提案された企業と防災に関する諸課題を中心に今後の検討のあり方が議論された．

3.2　中央防災会議の専門調査会での検討着手と基本的提言

2003年(平成15年)9月，政府は，中央防災会議の下に，「民間と市場の力を活かした防災力向上に関する専門調査会」(座長：樋口公啓 日本経済団体連合会 副会長)を設置した．専門調査会には，可能な限り大臣，副大臣の出席も得て行われ，また，会の中に2つの分科会，すなわち，企業，商品・サービス，市場の観点からの防災活動の促進について検討する「市場・防災社会システム分科会」(座長：樋口座長)と，主に地域のNPOなどのまちづくり主体の防災活動の促進について検討する「防災まちづくり分科会」(座長：伊藤滋 ㈶都市防災研究所 会長)を設置し，各メンバーからのプレゼンテーションも行い議論を深めた(**図表3.1**)．

この専門調査会は，2004年(平成16年)10月に「民間と市場の力を活かした防災戦略の基本的提言」をとりまとめた．その要点は次のとおりである(抜粋を巻末資料1に掲載)．

1. 防災対策に関する社会の目標明示
   - 事前の対策や平時の備えで被害軽減が可能
     →企業や地域のNPO等の防災対策の奨励・促進
2. 多様な主体による取組みと環境整備の実施

図表3.1　専門調査会の分科会とワーキンググループ

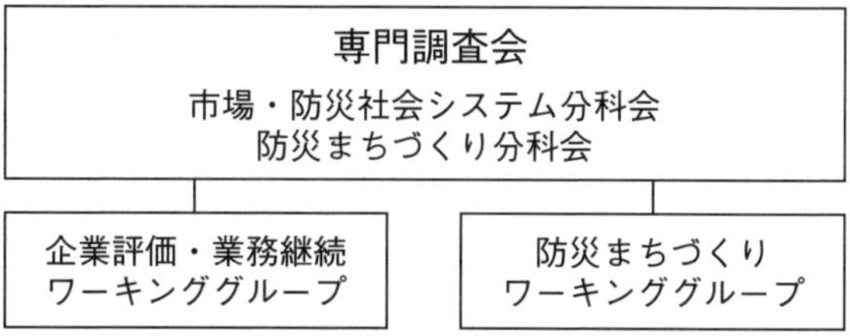

注）分科会は2004年7月まで，ワーキンググループは同年12月から開催．

・個人，地域のNPO，企業等の取組みを促進

3. 具体の方策として実現すべきもの

① 企業の災害時事業継続計画(BCP)策定支援
ガイドラインを作成，促進措置を講ずる．

② 企業の防災対応を投資家から評価される仕組の構築
災害時の地域貢献，災害への事前の備え(施設・設備，ソフト面，保険加入)，防災性を高める商品・サービスの提供などの各側面を，できるだけ定量的に評価

③ 防災まちづくり促進のための環境整備
支援ガイドブック，支援サイト，相談・講師派遣等を行う．

④ 社会と地域の「備え」を高める方策
防災情報の提供普及，防災教育，人材育成，地震保険の普及促進

⑤ 緊急に実施すべき減災対策
住宅・建築物の耐震化，津波対策

3.3 ワーキンググループにおける検討状況

専門調査会は，この基本的提言を取りまとめた後，外部の専門委員を加えた2つのワーキンググループを立ち上げ，提言内容の具体化を行うこととした．企業防災に関しては企業評価・業務継続ワーキンググループ(座長：大林厚臣 慶應義塾大学 助教授)，防災まちづくりに関しては防災まちづくりワーキンググループ(座長：伊藤滋 ㈶都市防災研究所会長)である．

本書で解説する「事業継続ガイドライン」の策定にあたったのは，企業評価・業務継続ワーキンググループである．このワーキンググループの特徴は，15もの企業オブザーバーが参加し，企業防災に詳しい有識者および経済産業省，消防庁を含む政府職員とともに活発な議論が行われたことである．各企業オブザーバーの多くは，専門調査会の基本的提

言の内容(事業継続計画，企業の防災の取組みの評価など)に関心をもち，事務局である内閣府防災担当に情報交換などを申し出ていただいた企業である．ワーキンググループの前半の検討において，各社の取組みや考え方についてプレゼンテーションが行われ，これが具体的な議論の材料として有意義であった．

「事業継続ガイドライン」の策定にあたり，議論になった事項の主要なものを以下に紹介する．

まず，米英など外国企業からも事業継続の取組みが行われていると評価を受けるためには，1つの想定災害ではなく，どのような災害や事故にも対応した計画を策定する必要がある．一方，日本では，社内で防災対策を拡充するのに，大地震など想定災害をはっきりさせないと経営層の理解が得にくいという指摘が複数の企業からあった．また，政府としても，防災対策の中心は耐震化の促進であり，それを中心的な対策に含まないのでは意味がないとの思いが強かった．しかし，日本の事業継続の取組みと国際的な取組みとが異なるものとなれば，国際的な取引を行う企業は2つの別の計画をつくらなければならず，それは避けるべきとの意見が多く出された．そして，結論としては，まず1つの地震災害を念頭にして始める方法を現実的なアプローチとして推奨し，継続的な見直しの中で想定する災害や事故の幅を広げていくこと，また，耐震化についてコラム的にその重要性を強調することといった解決方法が見い出された．

もう一点は，地震や台風など広域的な災害の多い日本は，テロなどを主に念頭において事業継続を考えている国々と異なる事業継続上の重点事項があるはずで，それを発信すべきという議論である．この点については，事業継続の取組みの基本線には大きな違いはないが，同時に被害を受ける地域の方々との協調や地域貢献，同業他社を含む共助，相互扶助などの点は，米英の事業継続に係る既存の規格にあるものよりも強く必要性を打ち出すべきとの結論となった．

3.4 防災基本計画の改定

災害対策基本法の第34条第1項にもとづき，中央防災会議は「防災基本計画」を作成・修正することとなっているが，2005年(平成17年)7月の会合において，最近の防災施策の主要事項を反映する修正を行った．その際，企業防災に関する部分も記述の拡充が行われた．

具体的には，企業が事業継続計画の策定を促進することを，自然災害対策の各編に(つまり，災害種類ごとに分かれているので，それぞれに)明記するという修正であり，上述した専門調査会の提言とガイドライン作成の動きを踏まえたものである．修正後の該当部分は次のとおりである．

(3) 企業防災の促進

○企業は，災害時の企業の果たす役割(生命の安全確保，二次災害の防止，事業の継続，地域貢献・地域との共生)を十分に認識し，各企業において災害時に重要業務を継続するための事業継続計画(BCP)を策定するよう努めるとともに，防災体制の整備，防災訓練，事業所の耐震化，予想被害からの復旧計画策定，各計画の点検・見直し等を実施するなどの防災活動の推進に努めるものとする．

○このため，国及び地方公共団体は，企業のトップから一般職員に至る職員の防災意識の高揚を図るとともに，優良企業表彰，企業の防災に係る取組みの積極的評価等により企業の防災力向上の促進を図るものとする．また，地方公共団体は，企業を地域コミュニティの一員としてとらえ，地域の防災訓練等への積極的参加の呼びかけ，防災に関するアドバイスを行うものとする．

出典) 中央防災会議「防災基本計画」．
http：//www.bousai.go.jp/keikaku/1707_basic_plan.pdf

第4章

事業継続の取組みの必要性

4.1 事業継続の基本的考え方

(1) 企業防災の従来のあり方と事業継続

本章の最初に，企業の従来からの防災対策のあり方と事業継続の取組みとの関係を，改めて整理してみる．

自然災害に頻繁に見舞われてきた日本企業は，それぞれの工場，事業所の単位で，可能な対応を見出し，対策を講じてきた．その際，過去の災害の経験や立地する地域の地理的特性などから，近い将来発生する可能性が比較的高いと考える災害を想定して，その被害をできるだけ少なくする対策を講じる方法がとられてきた．建物や設備の耐震改修，浸水防止措置などがその典型である．この面での対応は，諸外国に比べても進んでいると評価されるであろう．

一方，企業は，災害や事故の種類にかかわらず，重大な被害が発生しても自ら組織体として存続を図らなければならない．想定外の災害や事故が襲い，あらかじめ行っていた建物や設備の強化などの対策では対応できない状況に至る可能性もゼロではない．そこで，企業の本社業務や重要業務を行う代替事務所の確保，重要な情報のバックアップ，同じ製品を複数の工場で生産したり，代替生産委託先を確保したりする生産システムの多様化，部品納入先の複数化など，工場，事業所単位を超えた対応も必要となる．

この点は，地震災害に絞って考えてみても成り立つ．近年，周期的な発生が予想される海溝型の地震ではない，活断層型の直下型地震が続いており，その地域での発生が予想されていなかったものが多い．そこで，可能性は小さいものの，想定外の直下型地震の被害が企業の本社や重要拠点に発生した場合も考慮し，企業として重要業務が継続できるような事業継続の備えが不可欠となる．

また，経済の国際化，情報化の一層の進展の中で，企業間の取引のス

図表4.1　事業継続の取組みの流れ

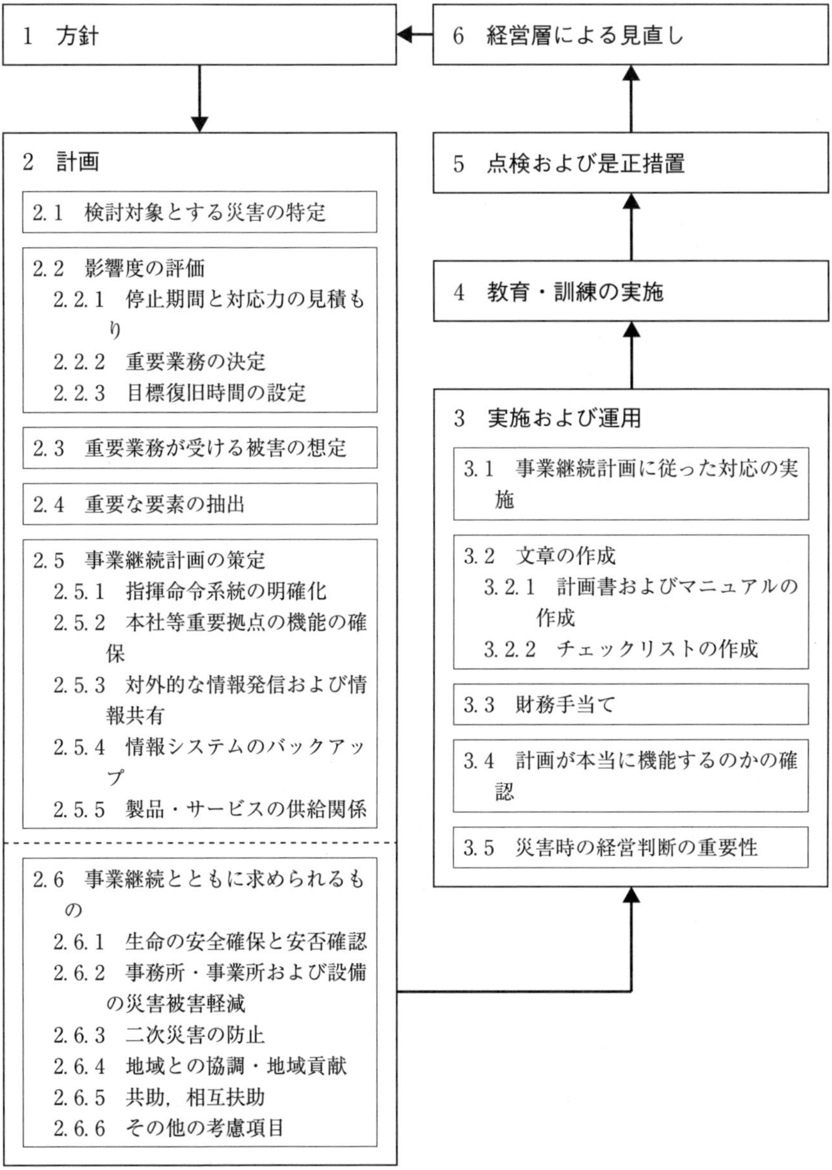
1　方針
6　経営層による見直し
2　計画
2.1　検討対象とする災害の特定
2.2　影響度の評価
2.2.1　停止期間と対応力の見積もり
2.2.2　重要業務の決定
2.2.3　目標復旧時間の設定
2.3　重要業務が受ける被害の想定
2.4　重要な要素の抽出
2.5　事業継続計画の策定
2.5.1　指揮命令系統の明確化
2.5.2　本社等重要拠点の機能の確保
2.5.3　対外的な情報発信および情報共有
2.5.4　情報システムのバックアップ
2.5.5　製品・サービスの供給関係
2.6　事業継続とともに求められるもの
2.6.1　生命の安全確保と安否確認
2.6.2　事務所・事業所および設備の災害被害軽減
2.6.3　二次災害の防止
2.6.4　地域との協調・地域貢献
2.6.5　共助，相互扶助
2.6.6　その他の考慮項目
5　点検および是正措置
4　教育・訓練の実施
3　実施および運用
3.1　事業継続計画に従った対応の実施
3.2　文章の作成
3.2.1　計画書およびマニュアルの作成
3.2.2　チェックリストの作成
3.3　財務手当て
3.4　計画が本当に機能するのかの確認
3.5　災害時の経営判断の重要性

出典）『事業継続ガイドライン 第一版』，内閣府，2005年8月．一部修正．

ピードや納入時間の正確さの重要性が高まっており，各企業とも，自社への影響を排除するため，取引先企業に災害被害が発生しても製品やサービスの供給などの重要業務が中断しないこと，中断しても可能な限り短い期間で再開することをより強く望むようになってきている．さらに，投資家の立場からは，災害により企業が重要業務に大きなダメージを被ったり，倒産に追い込まれたりしないような対策を求め，投資リスクを下げようとするであろう．企業自身の立場で言い換えれば，重要業務の中断にともなう顧客の他社への流出，市場占有率の低下，企業評価の低下などから自らの企業を守ることの必要性が高まっている．事業継続の取組みは一種の保険のようなものと表現する有識者もいる．

(2) 事業継続計画の内容

事業継続計画(BCP)に盛り込むべき具体的な内容は，過去の実際の災害や事故の対応経験から必要性や有効性が認識されてきた対策の集まりである．また，先進的な国々から，近年，事業計画の取組みを国際標準規格化(ISO 規格化)しようと意見が出ているように，ある程度，対応策の種類や対応プロセスについて各国間で共通認識ができつつある状況にあるといえるであろう．

「事業継続ガイドライン」中の「事業継続の取組みの流れ」の図をここで引用するが(前掲の**図表4.1**)，ここには諸外国も含めた意味での事業継続の取組みの基本的なものが示されている．なお，「2 計画」の枠内の破線より下の部分の「2.6 事業継続とともに求められるもの」は，広域的な自然災害の多い日本の特性を踏まえ，特にその必要性を強調している部分である．

さらに，頭の整理のため筆者としてより簡潔に事業継続の取組みの流れを表現すれば次のような流れとなる．

○経営層も参画して方針を決定
○事業継続計画の策定
　a）　影響度の評価（重要業務の決定，目標復旧時間の設定）
　b）　事業継続の実現のための重要な要素（ボトルネック）の抽出
　c）　事業継続計画の策定
　　• 生命の安全確保と二次災害の防止
　　• 指揮命令系統の明確化と要員確保
　　• 重要拠点の機能の確保（バックアップ）
　　• 情報システムのバックアップ
　　• 製品・サービスの供給確保
　　• 事業所と設備の被害軽減策
　　• 地域との協調と相互扶助
○マニュアル化，必要な手当ての実施，検証の実施
○教育訓練の実施
○点検，是正，経営層による見直し

これらを支える個々の準備，文書，プロセスなどは，従来から企業の防災対策において採られてきたものが数多いといえる．事業継続の取組みは，今までの防災対策と異なるものではなく，企業の重要業務の存続を理念の中心においてそれらを発展させたものと理解してよい．

4.2　事業継続の取組みの特徴

(1)　従来の防災対策に比べた事業継続の取組みの特徴

事業継続の取組みの中で，従来の企業の防災対策と比較して特徴として挙げられるポイントを改めて整理すると次のようになる．なお，「事

業継続ガイドライン」の中にも簡潔な記述があるが，ここではより詳しい説明を行うこととする．

① 事業に著しいダメージを与えかねない重大被害を想定して計画を作成する．災害により各企業の重要業務の継続に危機が迫り，さまざまな抜本的対応が必要になる事態を念頭におく．

② 災害後に活用できる資源に制限があると認識し，継続すべき重要業務を絞り込む．従来の対策では，被害を受けた施設の早急な復旧や個々の施設の防災性の向上を主に考えてきたが，重大被害を想定すれば，すべての被害現場を均等に復旧することが最良の選択ではない．そのような冗長な判断は，企業の経営者としてとるべきでなく，この点を十分認識すべきとの意見が中央防災会議の専門調査会でも強かった．

③ 各重要業務の担当ごとに，どのような被害が生じるとその重要業務の継続が危うくなるかを抽出して検討を進める．すなわち，企業の防災担当だけでなく，各業務の担当を主体的に巻き込むことが必要条件である．事業の継続の担い手は各現場の担当者である．そして，担当者からのボトムアップの検討は，結果として多くの災害に共通して有効な対策が見い出されることにつながる．これが，あらゆる災害や事故を想定した事業継続計画ができあがる契機にもなっていく．

④ 重要業務の継続に不可欠で，再調達や復旧に時間や手間がかかり，復旧の制約となりかねない重要な要素(ボトルネック)を，各担当がボトムアップで洗い出す．それを総合的に評価したうえで，その重要な要素が事業継続の支障にならないようにするための改善に重点的に対処する．なお，これらにより防災対策の費用対効果が高まるという企業からの意見もある．

⑤ 自らの企業の重要業務がどの程度の期間中断しても市場から排

除されないかを冷静に分析し，その期間内で目標復旧時間を設定する．そして，その達成に向け知恵を結集し，事前準備をする．その際，多大なコストをかければ(例えば，設備の二重投資)目標復旧時間内に復旧を達成することは難しくない．しかしコスト増を一定範囲に止めるためには，さまざまな工夫が必要である場合が多いので，経営層から担当までが知恵を絞ることになる．

⑥　緊急時の経営，意思決定，管理などのマネジメント手法の1つに位置づけられ，指揮命令系統の維持，情報の発信・共有，災害時の経営判断の重要性など，危機管理や緊急時対応の要素を含んでいる．

(2)　事業継続計画の内容は自社や取引先が判断

事業継続の取組みの構成要素については，国際的にもある程度共通認識ができてきているが，計画の内容は個々の企業の事業内容や企業規模に応じたものでよい．逆にいえば，各社が自ら判断して具体的な対象範囲とその対策を決めて，その決定には企業経営者自らが責任をもつしかない．

この点を少し説明すると，事業継続の取組みは，基本的な構成要素を満たした後，どこまで深く，広く行うかには限りがなく，これで100%十分だということがない．あらゆる災害や事故に完璧に備える計画は存在しないし，それを追求するのはコストや労力の面で現実的ではない．したがって，どこまでの対策を行うかは，個々の企業がそれで市場や利害関係者に評価が得られるかも含めて判断し，それについて個々の企業(の経営者)が責任をもつことになる．

また，事業継続計画が本当に適切な内容をもっているかどうかは，その企業の事業内容に精通している者しか判断できないという側面もある．事業継続の取組みを指導できるコンサルタントなどは存在するが，指導内容は，計画の策定方法や見直し方法，社員への周知や訓練の方法などであり，事業の経営判断に立ち入って指導できるわけではない．また，将来，事業継続の取組みを認証する機関ができると仮定しても，チェックの対象は必要な要素やプロセスであり，事業の内容に包括的に立ち入って認証するとは考えられない．したがって，事業継続計画が適切な内容を有するかどうかは，自社と，取組み内容を承知してもらい評価を得る必要がある取引先や投資家などの利害関係者が，判断することになる．

(3)　多額の出費を不可欠としない事業継続の取組み

事業継続の取組みは，建物や設備の本格的な改修や大幅なシステムの入れ替えなどの多額の出費をともなう対策が不可欠というものではなく，費用をさほどかけなくても一定の対応は可能である．対応体制の整備や対応要領の作成・周知をはじめ，社員の知識·ノウハウの充実や意識の高揚にかかわる部分などはその例であろう

「事業継続ガイドライン」も企業の段階的な取組みを推奨しており，一気に程度の高い事業継続計画を策定し，実施する必要はない．

したがって，費用面の懸念から事業継続計画の検討にも着手しないというのは，理由として説得力をもたない．むしろ，事業継続の取組みの本質は，まず一歩でも準備を始めれば，それなりの効果があることを理解することにある．

4.3　日本企業の取組みの遅れとその要因

前述のとおり，事業継続の取組みの特徴の1つは，「事業の中断の原因となるリスクの種類を問わず」という考え方である．すなわち，特定の自然災害を想定した備えではなく，多くの自然災害や人為的な事故などを対象に考えるものと明確に位置づけられている．

繰り返しになるが，日本企業は，自然災害の経験を踏まえ，個々の事務所や工場において，建物・設備の耐震化，災害時の対応計画の策定，避難訓練などを実施しており，諸外国に比べ防災対策は進んでいるといえる．しかし，このような日本企業が，なぜ事業継続の取組みについて米英などより遅れているのであろうか．

(1) 自然災害の被害はさまざまであると知っていること

その理由の1つは，日本企業は災害を多く受けた経験から，実際の自然災害の被害は実にさまざまであると認識していることである．そこで多くの自然災害や人為的な事故などを対象に計画をつくっても，実際の災害は想定を超えてしまうので，備えが無駄になると感じやすいと考えられる．

事業継続計画の前提は，災害の発生確率は低くとも，企業に重大な影響が生じる事態が考えられるならば，それに備えるべきというものである．あまり起こりそうではない災害でも，それが発生したら企業が存続できないのであれば，その災害への備えを無視しては対策の意味がないという考え方である．これは，2001年9月11日のニューヨークのワールドトレードセンタービルへの航空機テロ(9.11同時多発テロ)のように，想像しにくいリスクが発生した場合にも，企業を存続させるための準備だと考えると理解しやすい．

では，日本企業には，テロを含む予想しがたいリスクは考慮する必要がないのであろうか．まず，日本も諸外国から見ればテロが少ないとまではいえないようである．筆者は，外国人の危機管理関係者から，9.11同時多発テロ発生前，先進国における最大のテロ事件といえば日本の地下鉄サリン事件だったと指摘されたことがある．たしかに，現在の先進諸国の中には日本より数段テロ発生の可能性が高い国は少なくないが，地下鉄サリン事件を経験した日本企業が，日本はテロのリスクが小さいと主張しても，あまり説得力がない．さらに，自然災害についていえば，最近発生した大地震の多くは，その地域に発生が予想されていなかった地震であったため，日本国内はどこでも地震リスクが高いという認識が国の内外に広がってきている．

(2) 災害の種類を問わないという点のわかりにくさ

2つ目の理由としては，事業継続計画は，原因となる災害の種類は問わない手法であるところにわかりにくさがある．企業の重要な拠点である本社や工場などの機能が停止した(しそうになった)場合にどのように対応するかの計画なので，地震，火災，SARS，テロ，サプライチェーンの企業の被災，情報システムの誤作動などといった原因の種類を問わず，有効でなければならない．言い換えればあらゆるリスクを想定して計画することが前提である．

しかし，日本企業にとって，企業の機能停止の原因となる可能性の高い災害を想定して予防策を講じることが従来から多いこともあり，地震や火災，テロなど，原因となるリスクに何を想定するべきかの議論から離れにくい．このため，各企業の防災担当者からは，自分たちとしては以上のようなことを理解しているが，現状，あらゆる災害や事故を想定した事業継続計画をさらに策定する必要性を経営層に納得させることは容易ではないとの声が出てきている．

そこで，本書で紹介する「事業継続ガイドライン」では，はじめに想定する災害として海外からも懸念の強い「地震」を推奨し，その後，段階的に想定する災害の種類を増やしていくアプローチを示している．筆者が，複数の米国の危機管理の有識者に，このアプローチについて意見を求めたところ，日本企業の最大のリスクは地震であろうし，想定する災害の種類を段階的に増やしていくのであれば，事業継続の取組みを普及するアプローチとして理解できるとの意見を得ている．

第5章

中央防災会議
「事業継続ガイドライン」と
その解説

5.1 「事業継続ガイドライン」(本文)の紹介

(1) 「事業継続ガイドライン」の特徴

中央防災会議のワーキンググループが定めた「事業継続ガイドライン」には，日本において災害時の事業継続の取組みを普及させるという目的から，次のような特徴がある．

① はじめに想定する災害として重大な災害リスクで海外からも懸念の強い「地震」を推奨し，その後，段階的に想定する災害の種類を増やしていく現実的なアプローチを示している．これは，事業継続の取組みの特徴である「事業の中断の原因となるリスクの種類を問わず」という考え方が，日本企業にとってわかりにくいことを踏まえたものである．

② 事業継続の取組みによる災害への備えの充実には，必ずしも多大な投資やコストが必要ではないという立場をとっている．すなわち，できることから具体的な検討を進めてみる，既存の資源を活かす，そして知恵を出しあうことを推奨している．

③ 防災専門の担当者が確保しにくい中堅・中小企業でも理解できるような平易な解説を行っている．これは，近年，事業継続の取組みに熱心な外国や一部国内企業と取引をしている中堅・中小企業が，事業継続の取組みについて報告を求められることが増えている状況を考慮したものである．

④ 事業継続のすべての要素にすぐに適合することを求めず，できる部分からの取組みを推奨している．これは，一部の取組みでも，それなりの被害軽減効果があるという認識にもとづくものである．

⑤ 事業継続の取組みに関する国際標準規格化(ISO 規格化)の動きも見据え，ガイドラインに沿った対応を行った企業が，外国の規格(さらには将来の国際標準)に対応するためには別の対応が必要

になるという二重投資の原因にならないように配慮した．「事業継続ガイドライン」の付録3に記載があるように，米国，英国で重視されている既存の規格との連関を意識し，実施すべき企業の対策の方向性が合致するよう工夫している．

⑥ 災害発生直後は生命の安全確保，二次災害の防止を重視し，また，広域的な自然災害の際の地域貢献や地域との共生にも配慮し，(狭義の)事業継続の対応がそれらと協調して行われるべきとの立場をとっている．企業が自らの事業再開を強引に最優先した対応をとれば，社会的な批判により，かえって企業の存続が危うくなる．また，取引先への影響を食い止めるため，同業他社の支援など企業間の共助，相互扶助も考慮すべきである．なお，これらは諸外国の事業継続に関する規格ではあまり触れられていないので，国際標準規格化の動きに際し，わが国から発信すべきとの考えも示している．

⑦ 事業中断リスクを全社的対応で乗り切る計画の策定や，それに従った教育・訓練の実施は，企業全体のマネジメントに深くかかわる．そこで，企業として体系的に取り組むことの重要性を指摘している．

「事業継続ガイドライン」の特徴は以上のとおりである．このガイドラインが活用され，防災から出発した全社的なマネジメントシステムともいえる対策を防災担当者がリードすることになれば，防災担当者の後ろ向きのイメージも変わるであろう．すなわち，災害が起きなければ無駄な仕事と思われがちだった防災業務が，企業の全社的マネジメントを改善する役割をもち，平時にも役に立つ業務として位置づけられ，「明るい防災」の実現が期待できるのである．

(2) 日本における特定分野の事業継続のガイドラインなどとの関係

日本においても，事業継続の取組みについて企業に指針を示す既存の文書があり，主要なものは次のとおりである．それぞれ特定の事業分野を対象としたものである．

① 『金融機関等におけるコンティンジェンシープラン策定のための手引書』，㈶金融情報システムセンター(FISC)．

② 「事業継続計画策定ガイドライン」『企業における情報セキュリティガバナンスのあり方に関する研究会報告書』，経済産業省．

③ 『事業継続マネジメント入門―自然災害や事故に備える，製造業のためのリスクマネジメント』，SEMI 日本地区 BCM 研究会編，共立出版．

重要業務の中断が市場や社会から許容される時間が短い金融機関においては，①などにもとづき取組みが進んでいる．また，同じく重要業務の中断時間が短時間でも問題になりやすい情報分野で，2005 年(平成 17 年)3 月末に②が経済産業省主催の研究会において策定・公表された．また，半導体業界の研究会で③が策定され，2005 年 1 月に出版されている．

「事業継続ガイドライン」は，これらの先行する指針などと整合するように留意して策定されている．特に，②の策定主体である経済産業省の関係部署，および③の策定主体である SEMI 日本地区 BCM 研究会の代表にもワーキンググループへの参加を得て検討が行われた．

(3) ガイドラインの政策上の位置づけ

「事業継続ガイドライン」は，法令にもとづく強制力はなく，わが国企業に自主的な取組みを促すものである．しかし，政府として，多くの企業が積極的に着手することを期待していることは明らかである．第1

章で述べたとおり，政府の東海地震，東南海･南海地震の「地震防災戦略」や首都直下地震の対策に，事業継続計画の普及が被害軽減実現のための目標として位置づけられている．

なお，政府が企業の自主的な取組みに期待する理由としては，

- 事業継続計画の内容には部外秘の企業判断が含まれると考えられることから行政の関与になじみにくいこと
- 事業継続計画が実際に有効なものかどうかは第三者には容易に判断できないこと
- 経営層・従業員に真に周知徹底されなければ効果は期待できないがそれに行政がかかわりにくいこと

など，形式主義では有効な施策とならないことが指摘できる．それゆえ行政は情報提供や環境整備の支援を準備している状況にある．

(4) 付録および添付資料

「事業継続ガイドライン」には，付録として「用語の解説」「参考文献」「国際規格との関連性」が添付されている．

「用語の解説」では，関連知識をもたない読者を想定し，本文の内容が理解しやすくなるよう，基本的な用語も含めかなり幅広い用語が取り上げられている．

「参考文献」は，諸外国の事業継続に関連する規格，文献，日本国内での特定の事業分野における事業継続のガイドラインなどの資料が掲載されている．「事業継続ガイドライン」の記述内容をより詳細に理解する必要がある場合には，まずここで紹介されている文献を参照するとよい．

「国際規格との関連性」は，諸外国の事業継続にかかわる規格と「事業継続ガイドライン」の項目との関係を示したものである．「事業継続ガイドライン」が外国の事業継続に関する規格とダブルスタンダードに

なれば企業の負担が大きいのでそれは避けるべきとの意見を踏まえ，慎重に相互の整合性を確保した結果がここに示されている．

事業継続ガイドライン 第一版

―わが国企業の減災と災害対応の向上のために―

平成 17 年 8 月 1 日

民間と市場の力を活かした防災力向上に関する専門調査会

企業評価・業務継続ワーキンググループ

内閣府　防災担当

中央防災会議「民間と市場の力を活かした防災力向上に関する専門調査会」

敬称略

座　長	樋口　公啓	日本経済団体連合会　顧問（東京海上日動火災保険株式会社　相談役）
委　員	伊藤　滋	財団法人都市防災研究所　会長
	青山　佳世	フリーアナウンサー
	大林　厚臣	慶應義塾大学　助教授
	齋藤　忠衛	セブンイレブンジャパン総括マネジャー
	柴田　いづみ	滋賀県立大学　教授
	田畑　日出男	東京商工会議所まちづくり委員長（国土環境株式会社　代表取締役会長）
	中谷　幸俊	アクセンチュア株式会社　ディレクター
	中林　一樹	首都大学東京　教授
	西浦　英次	社団法人　日本損害保険協会　専務理事
	福澤　武	大手町・丸の内・有楽町地区再開発計画推進協議会長（三菱地所株式会社　会長）
	前田　正尚	日本政策投資銀行　政策企画部長
	松岡　和良	前中部経済連合会　常務理事
	松岡　勝博	那須大学　教授
	松原　武久	名古屋市長
	目加田　説子	中央大学　教授
	安井潤一郎	全国商店街震災対策連絡協議会理事長（早稲田商店会長）（平成17年8月29日まで）
	山口ひろこ	イゴス環境・色彩研究所　所長

「企業評価・業務継続ワーキンググループ」

座　長	大林　厚臣	慶應義塾大学　助教授
委　員	加賀谷　哲之	一橋大学大学院　助教授
	田中　誠	公認会計士
	中谷　幸俊	アクセンチュア株式会社　ディレクター
	野田　健太郎	日本政策投資銀行　政策企画部課長
	細坪　信二	NPO 法人危機管理対策機構　事務局長
	水口　雅清	東京駅・有楽町駅周辺地区帰宅困難者対策地域協力会　事務局長
オブザーバー	坂本　仁一	社団法人日本損害保険協会
	森　泰成	アクセンチュア株式会社
企業オブザーバー	株式会社インターリスク総研	
	KPMG ビジネスアシュアランス株式会社	
	SEMI ジャパン	
	株式会社損保ジャパン・リスクマネジメント	
	帝商株式会社	
	東京海上日動リスクコンサルティング株式会社	
	東京電力株式会社	
	日産自動車株式会社	
	日本電気株式会社	
	株式会社野村総合研究所	
	株式会社日立製作所	
	富士通株式会社	
	三菱重工業株式会社	
	株式会社三菱総合研究所	
	株式会社ワンビシアーカイブズ	

目 次

【ポイント】
1. 事業継続の取組みとは…… 67
2. 事業継続の取組みの特徴…… 68
3. 本ガイドラインの特徴…… 69
4. 取組みを促進する趣旨と論点…… 70
5. 本ガイドラインの位置づけ…… 71
6. チェックリストの活用…… 72

I 事業継続の必要性と基本的考え方…… 73
1.1 事業継続の必要性とポイント…… 73
1.1.1 災害時の事業継続に努力する必要性…… 73
1.1.2 事業継続の考え方のポイント…… 73
1.1.3 広域的自然災害へ備えるべきわが国の事業継続計画の特徴…… 74
1.2 基本的考え方…… 75
1.2.1 想定する災害リスク…… 75
1.2.2 事業継続と共に求められるもの…… 76
1.2.3 本ガイドラインにあげた各項目の位置づけ…… 78
1.3 継続的改善…… 79

II 事業継続計画および取組みの内容…… 82
2.1 方針…… 82
2.2 計画…… 82
2.2.1 検討対象とする災害の特定…… 83
2.2.2 影響度の評価…… 83

2.2.2.1 停止期間と対応力の見積もり……84
2.2.2.2 重要業務の決定……84
2.2.2.3 目標復旧時間の設定……85
2.2.3 重要業務が受ける被害の想定……86
2.2.4 重要な要素の抽出……89
2.2.5 事業継続計画の策定……90
2.2.5.1 指揮命令系統の明確化……91
2.2.5.2 本社等重要拠点の機能の確保……92
2.2.5.3 対外的な情報発信および情報共有……92
2.2.5.4 情報システムのバックアップ……93
2.2.5.5 製品・サービスの供給関係……94
2.2.6 事業継続と共に求められるもの……95
2.2.6.1 生命の安全確保と安否確認……95
2.2.6.2 事務所・事業所および設備の災害被害軽減……96
2.2.6.3 二次災害の防止……97
2.2.6.4 地域との協調・地域貢献……98
2.2.6.5 共助，相互扶助……99
2.2.6.6 その他の考慮項目……100
2.3 実施および運用……100
2.3.1 事業継続計画に従った対応の実施……100
2.3.2 文書の作成……101
2.3.2.1 計画書およびマニュアルの作成……101
2.3.2.2 チェックリストの作成……102
2.3.3 財務手当て……102
2.3.4 計画が本当に機能するかの確認……102
2.3.5 災害時の経営判断の重要性……102
2.4 教育・訓練の実施……103

2.5 点検および是正措置……104
2.6 経営層による見直し……104

III 経営者および経済社会への提言……106

付録1. 用語の解説……108
付録2. 参考文献……115
付録3. 国際規格との関連性……118

別添 事業継続ガイドライン 第一版 チェックリスト

【ポイント】

1．事業継続の取組みとは

企業は，災害や事故で被害を受けても，取引先等の利害関係者から，重要業務が中断しないこと，中断しても可能な限り短い期間で再開することが望まれている．また，事業継続は企業自らにとっても，重要業務中断に伴う顧客の他社への流出，マーケットシェアの低下，企業評価の低下などから企業を守る経営レベルの戦略的課題と位置づけられる．

この事業継続を追求する計画を「事業継続計画」(BCP：Business Continuity Plan)と呼び，内容としては，バックアップのシステムやオフィスの確保，即応した要員の確保，迅速な安否確認などが典型である．それらは，事業内容や企業規模に応じた取組みでよく，多額の出費を伴わずとも一定の対応は可能なことから，すべての企業に相応した取組み

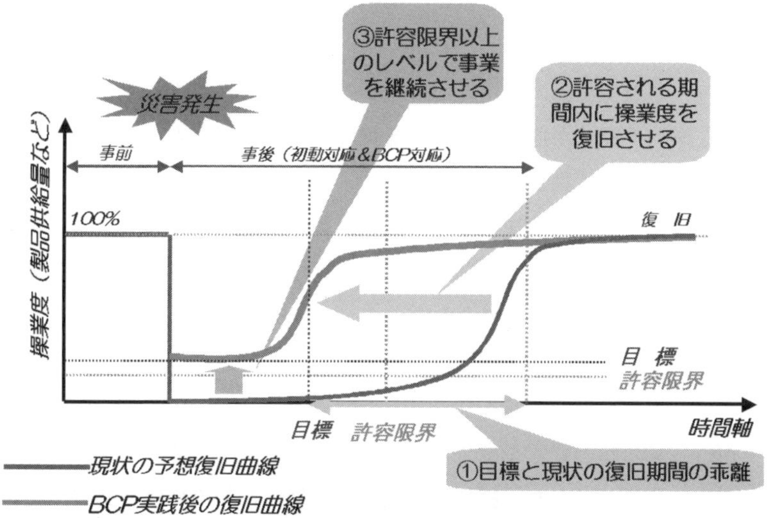

事業継続計画(BCP)の概念

が望まれている.

この事業継続の取組みは欧米が先行しているといえる．その内容は，従来のわが国企業の一般的な防災対策とかなりの部分で重なるものの，中心的な発想やアプローチが異なると見た方がよいと思われる部分もある．したがって，この分野で既に先進的な企業は別として，まず一度，自社の防災の取組みが事業継続の考え方に合致するか慎重に見直すことを推奨する.

2．事業継続の取組みの特徴

企業が必要な検討を行って事業継続計画を策定し，訓練し，計画の見直しを行っていくという事業継続の取組みは，従来の防災対策と異なる以下の特徴をもっている.

（1） 事業に著しいダメージを与えかねない重大被害を想定して計画を作成する.

（2） 災害後に活用できる資源に制限があると認識し，継続すべき重要業務を絞り込む.

（3） 各重要業務の担当ごとに，どのような被害が生じるとその重要業務の継続が危うくなるかを抽出して検討を進める．結果としてあらゆる災害が想定される.

（4） 重要業務の継続に不可欠で，再調達や復旧に時間や手間がかかり，復旧の制約となりかねない重要な要素(ボトルネック)を洗い出し，重点的に対処する.

（5） 重要業務の目標復旧時間を設定し，その達成に向け知恵を結集し事前準備をする.

（6） 緊急時の経営や意思決定，管理などのマネジメント手法の1つに位置づけられ，指揮命令系統の維持，情報の発信・共有，災害時の経営判断の重要性など，危機管理や緊急時対応の要素を含んでいる.

3．本ガイドラインの特徴

（1） 自然災害を熟知する日本企業は，事業継続計画を作っても実際の被害は様々で想定どおりの被害にならず無駄と感じやすいのではないかとの認識に立ち，計画策定の意義を説明し，着手方法を提案している．具体的には，はじめに想定する災害として重大な災害リスクで海外からも懸念の強い「地震」を推奨し，その後，段階的に想定する災害の種類を増やしていく現実的なアプローチを例示している．

（2） 備えの充実には必ず多大な投資やコストが不可欠とする立場をとらず，できることから具体的な検討を進めてみること，既存の資源を活かすこと，知恵を出しあうことを推奨している．（耐震改修等と密接に関係させつつ並行して取り組むことを推奨．）

（3） サプライチェーンに組み込まれた中堅中小企業が事業継続の取組みを求められている状況も踏まえ，当面，（欧米における）事業継続のすべての要素に適合することを求めず，できる部分からの取組みを推奨している．一方，今後予想される国際規格化の動きも見据え，本ガイドラインへの対応とは別に国際的な対応が求められるといった二重投資の要因にならないよう，対策の方向が合致するよう工夫している．

（4） 企業にとっても事業継続が最優先ではなく，特に災害発生直後は生命の安全確保，二次災害の防止などを重視し，その後も事業継続の対応に地域との連携を意識して取り組むべきことを明確にし，従来の災害対策との整合性を確保している．

（5） 広域な自然災害に多く直面してきた日本企業は，地域との協調，地域貢献，共助・相互扶助などを防災対策に含めてきた．また，行政も広域災害の被害予測を発表し，地域全体の取組みを促している．本ガイドラインは，このような特徴を要素に取り入れている．また，これらを含めることをむしろ国際的にも発信すべきとの立場に立っている．

（6） はじめから完璧を求めるのではなく，継続的改善を行うことを推奨している．また，企業全体のマネジメントとして体系的に取り組むことの重要性を指摘し，既存のマネジメントシステムが導入されている場合は，そのシステムと整合性のある活動をするよう推奨している．

4．取組みを促進する趣旨と論点

わが国企業は，地震等の自然災害の経験を踏まえ，事業所の耐震化，予想被害からの復旧計画策定などの対策を政府の諸制度や事業とも連動して進めてきており，防災対策は諸外国に比べて先進的と評価されている．しかし，どのような災害･事故に遭遇しても重要業務を中断させないという経営戦略である事業継続の面では遅れていると言わざるを得ない．事業継続の取組みを進めれば，その企業自身のメリットのほか，取引による連鎖的な影響も少なくなり，災害の間接的被害額を減らすことができる．それが本ガイドライン策定の動機である．

事業所ごとに懸念の大きい災害に備えて被害軽減策を講ずるこれまでの防災対策は今後とも極めて重要であるが，その発想とアプローチにおいて事業継続の取組みとは異なるところが多い．対策内容には双方に重なる部分もあり，「双方ともに推進すべき」と考えると分かりやすい．(政府・地方公共団体としても，前者の防災対策のため，懸念の大きい災害の被害想定やインフラ回復見込み等を推定・公表，防災事業への投資などの努力を引き続き行っていく.)

この事業継続の取組みを促進するうえで，本ガイドラインの検討過程において論点となった幾つかの点について，あらかじめ考え方を整理し，以下に示しておく．

第一に，企業が自らの事業継続を重要な目標として追求することを奨励するとはいえ，まず災害時には生命の安全確保を考えることが大切であると繰り返しておきたい．

第二に，事業継続計画において，想定されるリスクとしてテロなどの人為的なものを重要視している欧米に比べ，わが国は自然災害を中心としている．自然災害は人為的なリスクよりも一般に被害が広域的で，未然防止も難しく，有効な対策が少なからず異なると考えられる．そこで，わが国企業は，欧米の事業継続計画をそのまま模倣するのではなく，わが国の事情に合ったものを策定すればよい．一方で，国際的に見てわが国企業による事業継続の取組みが高いレベルにあると認識されるよう，共通の骨格を維持した計画を目指すべきであろう．

第三に，本ガイドラインは民間企業を主な対象とし，サプライチェーンを意識しつつ企業が協調して取り組む必要性・有効性を強調しているが，事業継続計画が実効性あるものとするためには，行政側の理解と適切な対応も求められる．例えば，企業の業務再開に必要な設備補修等に行政の許認可が必要な場合において，各行政主体が災害被害軽減における企業の事業継続の重要性をよく認識した上で対処することが望まれる．

5．本ガイドラインの位置づけ

本ガイドラインは，わが国企業に対して事業継続の取組みの概要および効果を示し，防災のための社会的な意義や取引における重要性の増大，自社の受けるメリット等を踏まえて企業が自主的に判断するのを促すものである．もちろん，取組みの普及について政府・専門調査会としての期待は大きく，各企業における積極的な検討を願うものである．

6．チェックリストの活用

本ガイドラインの具体的な取組みを簡易にチェックできるよう，「事業継続ガイドライン　チェックリスト」を用意した．

本チェックリストは，事業継続の取組みには何が必要かを確認するうえでも有用である．その上で事業継続の取組みを企業内に浸透させるため，継続的な改善を実施するのに合わせて繰り返し活用していただくことを期待している．

I　事業継続の必要性と基本的考え方

1.1　事業継続の必要性とポイント

1.1.1　災害時の事業継続に努力する必要性

災害の多いわが国では，政府はもちろん，企業，市民が協力して災害に強い国を作ることが求められている．特に，経済の国際化が進み企業活動の停止が世界的に影響を及ぼしかねない状況下では，企業部門も，災害時にも事業が継続でき，かつ，重要業務の操業レベルを早急に災害前に近づけられるよう，事前の備えを行うことの重要性が一層高まっている．また，地域に目を移せば，被災地の雇用やサプライチェーンを確保するうえでも「災害に強い企業」が望まれている．

一方，近年，企業が計画的・組織的に災害への備えを行っていることが，取引先の企業や市場から高く評価されてきていることも重視すべきである．中でも，欧米企業も重視している事業継続の取組みを企業が推進することが，企業価値を高める観点から有効であるとの認識が拡がってきている．

1.1.2　事業継続の考え方のポイント[1)]

日本企業の自然災害への備えは世界の中でも全般的に進んでいる．しかし，その自信を持ってしても，欧米で発展してきた「原因となる災害・リスクの種類を問わず事業継続を重視し備える」という考え方は学ぶべきであろう．

自然災害が多いわが国では，企業が防災に取り組む場合，災害想定を

1)　本ガイドラインでは，BC(Business Continuity)を「事業継続」と表記し，従来の本専門調査会での「業務継続」から変更した．変更理由は，わが国で最近出された諸文書の表記に合わせること，および「事業」は複数の「業務」から構成されるとして説明するのが分かりやすいと判断したことがあげられる．

まず行って，その災害を前提に対策を講じている企業が多いと思われる．また，自然災害の経験から，被災後の具体的な対応は，実際の被害を把握した後に判断するしかないとの考え方が強いと思われる．しかし，このことが，事業継続の考え方のポイントである「災害の種類にかかわらず事前の備えをもっと進められること」[2]の認識不足を招いていなかったか，省みる必要がある．

日本企業でも，各重要業務の担当部署において仮に地震を想定して事業継続の対策を具体的に考えてみると，他の自然的・人為的災害の場合における事業継続の対策と共通する部分が多いことに気づくはずである．そこに至れば，相対的にリスクに占める自然災害のウエイトが低い外国の企業が，この「共通する部分が多い」ことを活かし，原因となる災害等の種類を問わずに事業継続計画をつくってきた意義は，日本企業にも理解できるはずである．

1.1.3 広域的自然災害へ備えるべきわが国の事業継続計画の特徴

上述のように，事業継続計画は，どのようなリスクが現実化しやすいかを明らかにしてからスタートするのではなく，どのようなリスク[3]が現実化したとしても重要業務を継続していく，という目的意識をもって策定されるものである．

しかし，わが国では諸外国に比べて地震や風水害が多く，かつ，これらは広域的な被害をもたらすため，わが国企業の災害対応では，地元地域や他企業と協調した取組みが必要になる可能性が高いことが特徴とな

2) 災害の種類にかかわらず実施する事前の備えとは事業継続の取組みの多くが該当するが，ここでわかり易い例を挙げれば，安否確認の実施，緊急連絡，オフィスに入れなくなることに備えたバックアップ，目標復旧時間を考えること，等がある．
3) 自らの事業において何ら手の打ちようのない極端に大きな災害は除外して考えてもよい．

ろう．企業の地域貢献への期待も高く，また，過去の災害時には商品の供給などにおける同業者との連携も行われてきた．そこで，わが国企業の具体的な事業継続計画の内容としては，諸外国企業よりも以上のような点が積極的に盛り込まれる可能性が高いと考えられる．

本ガイドラインは，事業継続についての国際規格化の動きを視野に入れながら策定しているが，このような地域との協調を事業継続計画に任意項目として盛り込んでも国際規格合致の上で問題にならないはずであるし，むしろ，自然災害が多い地域はわが国以外にも世界中で広く存在することから，この特徴を海外に向けて発信し，その重要性を主張していくことが日本に求められていると考えられる．

1.2 基本的考え方

1.2.1 想定する災害リスク

企業が防災対策の計画を立てようとする場合，まずリスクとして何を想定しようかと考えはじめると，それ自体が大きな問いになる．

上述のように，事業継続計画は，事業の中断の原因となるリスクを問わず重要業務を継続していく，という目的意識をもって策定される．しかし，この「事業の中断の原因となるリスクの種類を問わず」を「いかなるリスクをも検討すべき」と最初から捉えてしまうと，多くの災害リスクを思い浮かべる日本企業は躊躇しそうである．したがって，これから取り組もうとする企業には，もう少し分かりやすい入り方が提案されるべきであろう．

一方，事業継続の国際規格化が進むとしても(これまでの国際規格の例から想像されるところでは)，「各企業がどのような想定リスクを選ぶか」は，規格に合致するか否かの判定要素に含まれず，企業自らの判断に委ねられることになるとみられる．

そこで，幅広い企業に基本的取組みを促すことを目的とする本ガイドラインでは，日本企業にとって想像がつきやすく，対峙すべき最も大きな自然災害リスクである（と諸外国からもそう思われている）地震を想定リスクとして，社内の取組みをスタートさせることを推奨する．もちろん，懸念が大きい他のリスクを一つ（又は少数）選んでスタートしてもよい．[4]要は，各重要業務の現場に対して取組みやすい作業目標を示し，事業継続に必要な具体策の検討をとにかくまず始めることであり，そのためにまず地震（又は他のリスク）を例示する．そして，具体策が浮かんできた段階で，地震以外の懸念されるリスクにもその対策が有効かどうかを考えさせるか，あるいは定期的な計画の見直しの際に検証すれば，十分な事業継続計画に着実に近づいていくこととなる．[5]

1.2.2　事業継続と共に求められるもの

これまで事業継続の意義や重要性について述べてきたが，災害時に企業が考慮すべき重要事項としては，事業継続の他に，少なくとも以下の３点がある．これらは，従来わが国において行われてきた災害対応の基本的要求事項といえる．これらは重なり合う部分も大きいのも事実であり，一方，事業継続のみを極端に優先する考えは理解を得られない可能性が高い．実際にどれをどの程度優先させるかは個々の企業の判断に委ねられ，その責任を自ら負うことになる．

○生命の安全確保

顧客が来店したり，施設内に留まったりすることが想定されている業種においては，まず顧客の生命の安全確保が求められる．

4）台風や集中豪雨など他の自然災害リスクでも，疾病による事業所の閉鎖，テロ，火災，暴動，広域停電などの人為的なリスクでもよい．

5）実際，欧米企業における事業継続計画においても，想定リスクは説明相手から疑問だと言われない限りそれでよく，重要なのは，事業継続計画を有し，訓練し，見直すプロセスを持つことというのが一般的認識のようである．

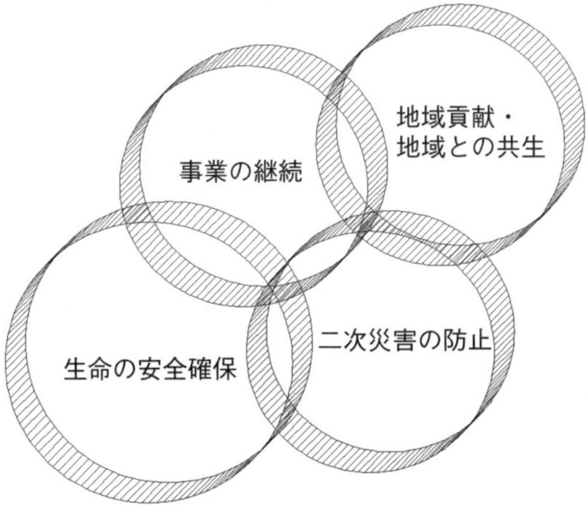

事業継続と共に求められるもの

企業の役員，従業員，関連会社，派遣社員，協力会社など，業務に携わる人々の生命の安全を確保することがその次に重要なのは言うまでもない．[6)]

○二次災害の防止

例えば製造業などにおいて，火災の防止，建築物･構築物の周辺への倒壊阻止，薬液の漏洩防止など，周辺地域の安全確保の観点から二次災害防止のための取組みが必要である．[7)]

---

6) 具体策としては，避難誘導，安否確認，水，カンパン，トイレなどの備蓄，耐震補強，救助用資材の備蓄および教育・訓練などがある．

7) 例えば，危険物を保有する企業は，法令等に定められた取扱いを常時遵守することは当然であるが，災害時に一層の重大性を持つことになるのは当然である．危険物の状況について，迅速な状況確認等はもちろんのこと，周辺地域へコミュニケーションを図ることも不可欠になろう．

○地域貢献・地域との共生

災害が発生した際には，市民，行政，取引先企業などと連携し，地域の一日も早い復旧を目指したい．地域貢献には，援助金，敷地の提供，物資の提供などが一般的であるが，このほかにも技術者の派遣，ボランティア活動など企業の特色を活かしたサポートが望まれる．平常時からこれら主体との連携を密にしておくことも望まれる．[8)]

1.2.3 本ガイドラインにあげた各項目の位置づけ

本ガイドラインは，大企業，中堅・中小企業までを対象[9)]に，災害に係る事前対応と事業継続の対策を進めるために必要な共通的かつ基本的な項目をあげることをめざしたものである．しかし，強制的な規格として定める意図ではもちろんなく，各項目の実施は任意である．したがって，各項目は，各企業の立地条件，社風，体力などに合わせて取捨選択されてよい．

また，はじめに強調したいのは，本ガイドラインにより政府として望ましいと考えている対策とは，多額の投資が不可欠なものを必須としているのではなく，むしろ，企業が自らの事業を点検し，工夫し，計画を立て，資源を有効に活用するような対策を中心に想定していることである．したがって，なるべく広い範囲の企業において，本ガイドラインに基づく対応が具体的に考慮されることが望まれる．

なお，国内では，例えば，㈶金融情報システムセンター(FISC)発刊の「金融機関等におけるコンティンジェンシープラン策定のための手引書」や，経済産業省の「事業継続計画策定ガイドライン」(企業における情報セキュリティガバナンスのあり方に関する研究会報告書・参考資

8) 地元地方公共団体の意向にもよるが，可能であれば，地域貢献に関する協定をあらかじめ締結することも考えられる．

9) 本ガイドラインは企業を対象に作成されているが，事業継続の考え方は政府・自治体をはじめすべての組織体に有用なものである．

料)など，事業継続に関する手引き等が既に存在している．本ガイドラインは，すべての企業に共通する基本的な部分を説明するものであり，これらの既存の手引書等が対象とする事業分野でそれらが尊重されるのが当然と考えており，また，これらの手引書等がそれ以外の事業分野でも参考になるものと考えている．

1.3 継続的改善

本ガイドラインは，はじめから完璧な事業継続計画の策定・実施を求めるものではない．まず，それぞれの企業ができるところから着手し，継続的な取組みによって徐々に災害に強い体制を築いていくことを期待している．

一般的に計画や対策を発展・定着させるためには，継続的な取組みが有効である．その手法のひとつにマネジメントシステムがあり，それは災害対策においても有用である．

マネジメントシステムは，すでに国内外で品質管理，環境マネジメント，情報セキュリティなどの分野に取り入れられている経営管理手法で

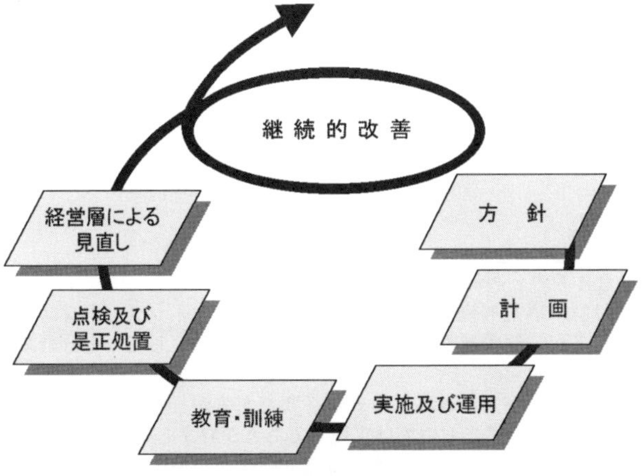

継続的改善

あり，①経営者が取り組む，②実施する内容は企業自身で決定する，③継続的改善を行う，の3つの特徴がある．

マネジメントシステムにおける継続的改善とは，上図に示すように，①経営者が方針を立て，②計画を立案し，③日常業務として実施・運用し，④従業員の教育・訓練を行い，⑤結果を点検・是正し，⑥経営層が見直すことを繰り返すものである．

マネジメントシステムのメリットは，本ガイドラインにもあるように経営者が関与すること，企業が比較的苦手な自己評価や振返りのステップを定期的な活動に組み入れることで対策の定着を図れること，教育・訓練[10)]を重視した人づくりが可能となることなどが挙げられる．[11)12)13)]

10) 後述2.4教育・訓練の実施参照．
11) 災害対策や事業継続の定着への取組み手法はマネジメントシステム以外でも達成できるが，改善運動は日本企業が比較的得意としている分野でありなじみやすいといえる．
12) マネジメントシステムには監査が必要であるが，本ガイドラインでは「取組みが進んでいる企業においては実施することが好ましい」と位置づける．
13) マネジメントシステムでは第三者認証制度が議論となりがちであるが，本ガイドラインでは認証制度を構築することを意図していない．

Ⅱ 事業継続計画および取組みの内容

2.1 方 針

経営者は，災害時の事業継続について計画づくりに取り組んでいくことを決定し，周知し，その基本方針を策定する必要がある．また，経営者は社内外の関係者に対して事業継続に関する活動について説明し，了解をとりつけることが必要である．[14]この場合，経営トップ自らが関与することが必要であり，そうでないと計画の実効性が問われ，事業継続への対応を当然と考える内外の企業からの信頼は得られない．

なお，この方針は，取締役会または経営会議の決議を経るべきである．さらに，承認された方針を公表することが望まれる．

また，経営者は，基本方針に沿った活動を行うために，必要な予算や要員などの経営資源を確保する必要があり，自社の計画策定に際して，自ら参画するスケジュールを確保することも必要である．

2.2 計 画

企業が年次計画を立てる際に，併せて災害時の事業継続についてどのように取り組んでいくかの年次計画を作成する必要がある．[15]（この計画は定期的に見直す必要がある(2.6参照).）

なお，この計画は，経営トップが了承した企業全体の経営計画の中に含まれるべきものである．[16]

14) 関係者への説明は，5W(誰が・何を・いつ・どこで・なぜ)，2H(どうやって・いくらかけて)に沿って行うことが望ましい．

15) 例えば，会社の主な経営サイクル(会計年度・決算期・営業報告…)に合わせて事業継続計画策定～点検や見直しのサイクルを実施することが望ましい．

16) 着実な取組みを企業全体に浸透させることが必要である．計画の位置づけが不明確で取組みがずるずると遅れれば，前提条件が変わること等から，せっかく作った計画が陳腐化してしまうことも懸念される．

事業継続の取組みの流れ

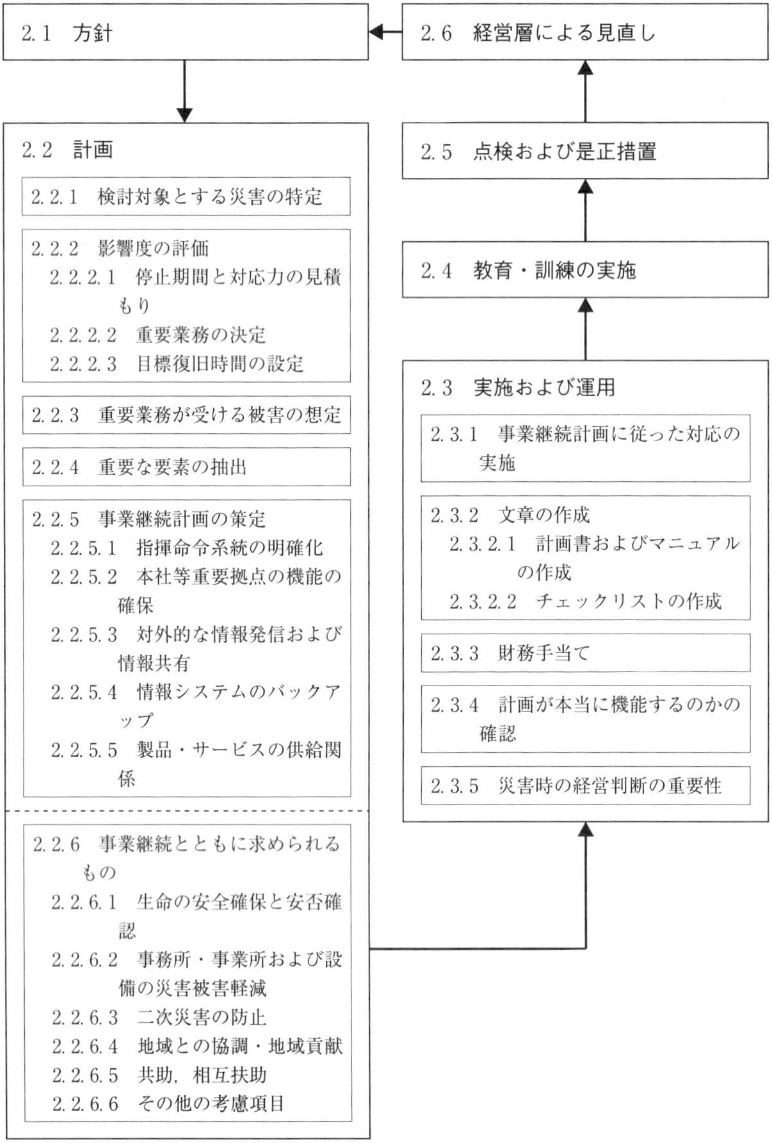
2.1　方針
2.2　計画
2.2.1　検討対象とする災害の特定
2.2.2　影響度の評価
2.2.2.1　停止期間と対応力の見積もり
2.2.2.2　重要業務の決定
2.2.2.3　目標復旧時間の設定
2.2.3　重要業務が受ける被害の想定
2.2.4　重要な要素の抽出
2.2.5　事業継続計画の策定
2.2.5.1　指揮命令系統の明確化
2.2.5.2　本社等重要拠点の機能の確保
2.2.5.3　対外的な情報発信および情報共有
2.2.5.4　情報システムのバックアップ
2.2.5.5　製品・サービスの供給関係
2.2.6　事業継続とともに求められるもの
2.2.6.1　生命の安全確保と安否確認
2.2.6.2　事務所・事業所および設備の災害被害軽減
2.2.6.3　二次災害の防止
2.2.6.4　地域との協調・地域貢献
2.2.6.5　共助，相互扶助
2.2.6.6　その他の考慮項目
2.3　実施および運用
2.3.1　事業継続計画に従った対応の実施
2.3.2　文章の作成
2.3.2.1　計画書およびマニュアルの作成
2.3.2.2　チェックリストの作成
2.3.3　財務手当て
2.3.4　計画が本当に機能するのかの確認
2.3.5　災害時の経営判断の重要性
2.4　教育・訓練の実施
2.5　点検および是正措置
2.6　経営層による見直し

2.2.1 検討対象とする災害の特定

1.2.1でも述べたとおり，本来，事業継続計画は，どのようなリスクが現実化しても重要業務を継続していく，という目的意識をもって策定されるものである．そして，各企業がどのようなリスクを想定するかは，企業自らの判断に委ねられる．しかし，これから取り組もうとする企業には，分かりやすい入り方が提案されるべきであろう．

そこで，本ガイドラインでは，地震を想定リスクとして特定し，社内の取組みをスタートさせることを推奨する．わが国では，どこでも地震の被害にあう可能性があるといってよいことから，先ず自らの主要な施設，本社，主力工場などに影響を及ぼす可能性のある想定地震を一つ選ぶなどの方法である．もちろん，余裕があれば複数の想定地震について検討してもよいし，他のリスクを一つ(又は少数)選んでスタートしてもよい．もちろん考え得るすべてのリスクを対象に検討を始めても構わないが，基本的なレベルとしては，「継続的改善」の中で，順次，想定リスクを増やしていくことでよいであろう．

2.2.2 影響度の評価

事業継続の考え方の特徴として，理由を問わず企業が事業を停止した場合に，その停止期間がどの程度企業に影響を与えるのかを評価し，事業としていつまで耐えられるのかの目標復旧時間を設定することがある．この影響度の評価の結果を踏まえて，継続が求められる重要業務は何かを決定し，復旧の優先順位を設定する．また目標復旧時間を確保するために障害となる重要な要素(ボトルネック)を抽出する．[17)]

17) 欧米の規格に合致する事業継続計画の策定手順においては，この影響度の評価はビジネス・インパクト分析(Business Impact Analysis)と呼ばれ，重要視されている．

2.2.2.1 停止期間と対応力の見積もり

まず，主だった製品やサービスの供給停止が発生したと仮定する.[18] そして，その供給停止が企業経営に及ぼす影響を評価する．具体的には，生産量の減少，利益損失，賠償責任金額，信用失墜(顧客離れ)，資金繰りの悪化などの面から評価し，企業がどの程度までの停止期間に耐えられるかの判断を行う.

この影響度評価は，事業を継続するために優先的に継続が必要となる重要業務(2.2.2.2)を見極めるために必要なものである．精緻な分析を期せば相当なコストと時間がかかるが，その評価の目的からして精緻な分析が不可欠ではなく，例えば1日あたりの売上げや事務処理量を用いた簡易な定量的な評価であっても一定の目的は達せられる．さらに，賠償責任や信用失墜など定量化が難しい場合は，経営に与える影響の大小などで評価してもよい.

基本的な取組みにおいては，各部門のリーダーに対するアンケートやヒアリング調査に経営層の考えを加味するなどの方法により一通りの分析をし，適宜次のステップに進むことでもよい．その後の継続的な改善を加えれば，より精緻な計画となり得る.

なお，影響度評価に時間をかけすぎると，その間に事業内容が変化してしまい，せっかくの取組みが無意味になることも懸念されることに留意が必要である.

2.2.2.2 重要業務の決定

通常，災害により何らかの被害が発生すれば，すべての業務を行うことは困難となるため，重要な業務から優先順位をつけて継続するよう検

---

18) 2.2.1 検討対象とする災害の特定 において地震等災害を特定して検討を開始した場合は，その特定の災害が発生したことによる製品やサービスの供給停止を検討することでよい.

討することが実践的である．そこで，特定した災害も念頭に置きつつ，企業として，優先的に継続を必要とする重要業務を慎重に選び，決定する必要がある．この重要業務の決定に当たっては，停止期間と対応力の見積もりを踏まえ，人命にかかわる業務，利益の大きい業務，生産量が多い業務，供給先に大きな影響を与える業務などから決定するのがまずは妥当なところである．

余裕があれば，停止期間に伴う各業務の影響度の定量的評価を実施する．整理するポイントは，供給できない商品名，供給量，売上減少額，利益減少額，供給先への影響，従業員への影響，社会への影響，その他市民などへの影響などである．

基本的な取組みにおいては，当初は代表的な業務を1つ，又は少数選択し検討することでよい．ここでも継続的な改善で，順次，対象業務を増やすよう努めればよい．

2.2.2.3 目標復旧時間の設定

上記の影響度評価の結果や，取引先や行政との関係，社会的使命等を踏まえ，企業にとってその重要業務の停止が許されると考える目標時間を設定する．これは，事業継続計画を策定していくに当たっての前提を設定する作業である．

実際の災害では，被災地域の範囲やインフラの被害状況などから，重要業務が実際に回復できる期間は相当変動する可能性があるのは当然である．したがって，できるだけ妥当と思われる目標復旧時間を設定するよう努めれば足りる．例えば，3時間後，3日後，あるいは10日後などを設定する．

重要業務を目標復旧時間内に復旧させるためには，求められる様々な経営資源の調達・配備もこの目標復旧時間内に完了させる必要がある．

なお，目標復旧時間に関しては，①社会から早期の復旧期間が求められているライフライン企業，②金融システムの安定性確保の観点から復旧目標があらかじめ要請されている金融機関，③サービスレベルアグリーメントに復旧予定時間を契約者に約束しているITサービス業など，契約や特別な法律，条例等で定められている場合には，それらに準じた目標復旧時間とする必要がある．[19]

この回復をめざす目標時間を明確に定めることには，その目標に到達するよう企業の担当者が積極的に工夫して取り組むようになるため，防災対策が進展しやすいという効果がある．

2.2.3 重要業務が受ける被害の想定

次のステップとして，決定した重要業務が特定した災害などのリスクにさらされて受ける被害の程度を想定する．[20] 2.2.2の影響度の評価においては，理由を問わず事業が停止した場合の影響度を想定したが，ここでは具体的な対策を立てるために被害想定を行う．被害想定を行う際には，事務所・工場，機材，要員，原料，輸送，梱包，顧客など様々な対象に与える影響を考慮する．[21]

なお，本ガイドラインでは2.2.1で述べたように，地震を特定して社内の取組をスタートさせることを推奨してきたが，影響度の評価を検討するにあたり災害を特定せずに進めてきた場合には，ここで被害想定の前提条件を設定する．地震，水害，火災，SARS，テロなどの中から発

19) この目標を決定する際には，後述する地域との協調も考慮する必要がある．

20) 業務の中断を招くおそれのある特定の災害の発生の可能性や影響について検討することをリスク分析と呼ぶ．具体的な進め方については，JIS Q 2001（リスクマネジメントシステム構築のための指針）等を参照．

21) テロ対策では，主要な拠点（工場，本社，ITセンターなど）の大半が全損するとの想定にそれなりの妥当性が感じられ，テロを含めて事業継続を検討する場合，その想定を前提に検討を進めることも多い．しかし，すべての日本企業に，複数ある拠点の大半が全損することを前提に対策を検討するまでの必要はないであろう．

生の可能性や検討のしやすさなどを考慮して前提となる災害を決定する．継続的改善の立場から，はじめから可能性のあるすべての災害の被害想定を行うのではなく，どれか一つを選んで想定を行ってみることを推奨する．

地震被害を想定する

日本において企業の事業継続を脅かす最大の脅威は地震である．想定される被害は，震度等によって変化する．しかし，被害想定といっても，拠点を広域的に複数持つ企業が，そのすべての拠点に震度７を想定することは現実的に必要性が高いとはいえない．また，拠点が一つの企業においても，震度７に遭う可能性は震度５や６のそれより小さく，震度が低ければ全損にならない可能性が高くなり，自力で対応できる事業継続の方法を検討する余地が大きくなる．

そこで，とりあえず，重要施設が震度６強の地震に見舞われることを想定するなどにより検討を始めることを推奨する．政府や自治体が発表した各種の地震被害想定を参考に，本社，主力工場の想定震度を決定してもよい(なお，この点は水害についても同様である)．

また，事業に影響のあるライフラインの停止期間などの情報収集も欠かせない．もっとも，ライフラインの停止なども考慮に入れると想定自体が容易ではないが，自社で妥当と思われる前提を決めるとの理解でよい．[22)]

なお，自然災害に慣れている日本企業は，地震をはじめ，

22) 地震などの広域災害の被害想定では，自社の施設は被害が無いものとして，停電や断水などライフラインの停止期間の見積もりにのみ関心が向けられがちであるが，その前に自社の施設に被害が発生することを認識しなければならない．

個々の災害ごとに被害は大きく変動するので，被害を仮定して対応計画を策定することに疑問を感じるかもしれない．しかし，事業継続のための対策は，想定と相当違う被害に対しても役に立つ部分がかなりあること，さらに，計画を有し，訓練し，定期的に見直すことによって，社員や企業全体の防災力が高まることも事実と考えられ，欧米で事業継続計画が重要視されていることも理解できる．

地震を想定した作業の進め方

地震を想定リスク（の重要な一つ）と考える場合，震度を決定した後は，それによる自社の被害を想定する．詳細な被害想定ができない場合は，①耐震性のない社屋が全壊する（立ち入れない），②主力生産機器の故障により復旧に1ヶ月かかるなど，最低ひとつは自社の生産に影響が生じる被災要因を検討することを推奨する．[23)]

被害想定シナリオとして，①どの社屋がどの程度破損するか，②どの設備・什器備品がどの程度損壊するか，③機器類の修復・調整にどれくらいかかるか，④従業員はどの程度出勤できるか，⑤在庫はどの程度無事か，⑥ライフラインの停止期間はいつまでかなどを決定する．

シナリオの決定にあたっては，最初はあまり神経質になる必要はない．要は着手することが重要であり，被害想定の妥当性や精緻さは継続的に改善することでよい．[24)25)]

23) 継続的改善として被害想定を高度化する場合は，発生する曜日，時間帯の変更，被災場所の変更，想定地震の変更，対象とする主力製品の変更，企業の置かれている立場や立脚基盤の変化，同業他社の被災状況の想定などを行うことを推奨する．

一般的に，リスクマネジメントや事業継続の検討にあたっては，最悪のシナリオを検討することが主流となっている(従来は，発生確率と損害度合いを考慮して一番あり得るシナリオを想定して検討すればよいとされていた)．しかし，ここでの基本的レベルの検討としては，まず，一番あり得るシナリオより一段階あるいはそれ以上悪いシナリオをひとつ検討することでよい．

企業によっては，結果として想定したシナリオに対する対応策が取れないこともありうるが，そこで思考を停止してしまうのではなく，その状態を認識した上でより被害の軽微な対処可能なシナリオを準備し，対応を進めることが重要である．つまり，対応する地震を震度6強ではなく震度6弱，震度5強など，自社が自力で対応できる少し小さめの地震への対応を想定することも現実的といえる．少しでも多くの企業が地震対策に取り組むことが，地域の地震防災力の向上につながる．

2.2.4 重要な要素の抽出

重要業務が受ける被害の想定に基づき，そこが復旧しない限り生産の再開や業務復旧ができない主要な生産設備や情報などの資源を，重要な要素(復旧時間が一番長いクリティカルパス，あるいは生産量を限定さ

24) 例示としては震度を特定して周囲の被害想定を行うことを推奨しているが，建物等の調査が企業にとって負担であれば，調査をせずに建物の使用の可否を被害想定として決める等の簡易の手続きを取ってもよい．

25) リスクマネジメントの標準手法では，リスクの洗い出し，リスクの特定，リスク算定(発生頻度の推定，脆弱性の分析，損害程度や影響度の推定)，リスク評価(許容できるか否かの判定)，優先順位付けなどのステップがあるが，ここでは省略している．事業継続への対応に慣れてきたら，継続的改善の中でリスクマネジメントの標準手法(JISQ 2001：リスクマネジメントシステム構築のための指針)を導入し，より合理的な対策を導入することが望ましい．

せてしまうボトルネック[26]など)として把握する．実際の復旧日数はこの重要な資源の回復日数に依存してしまうため，いかにこの回復日数を短縮するかについての対策を検討する．

ここで留意が必要なのは，対策を実施することにより，重要な要素が他の資源に変化することである．このため対策の対象とする重要な要素は複数のものを想定しておき，継続的に見直していくことが必要である．

なお，実務上，2.2.2の影響度の評価から重要な要素の抽出までのステップは，行きつ戻りつして検討を繰り返すことが多い．

2.2.5 事業継続計画の策定

経営者は，会社の事業を継続するために重要業務を目標復旧時間までに必ず回復させるよう事業継続計画を策定する．その場合，企業のおかれた環境，規模や業種の特性を活かした様々な対応が可能である．

具体的な対策の策定は，重要な要素をいかに防御するか，また重要な要素が万一被災した場合にどのように対応をするかの二つの観点から実施することが必要である．

企業が災害時に実際に事業を継続していくためには，以下の項目が特に重要である．

① 指揮命令系統の明確化
② 本社等重要拠点の機能の確保
③ 対外的な情報発信および情報共有
④ 情報システムのバックアップ
⑤ 製品・サービスの供給

なお，⑤の製品・サービスの供給が一時停止したとしても，上記①～

26) ボトルネックの例としては，事業を構成する業務・工程・部門，物流，キーパーソン，データ，システム，さらに製品製造に用いる機械，金型，工具，原料などがある．

④ができており，かつ，その停止時間が製品・サービスの供給についての許容時間内であればよい.

以下に，上記①～⑤の事業継続の重要事項について説明する.

2.2.5.1 指揮命令系統の明確化

事業継続の取組みの推進や災害発生時の対応には，事業継続の組織体制の構築とその役割および指揮命令系統を明確にしておく必要がある．また，これら事業継続対応組織の責任者は，経営層の中から任命される必要がある．対策は決して経営企画部門や総務部門といった一部の部門の対策に限られるものではなく，非日常的な様々な業務が発生するため，全社の各部門に，災害対策の横断組織を作ってもよい．また，非日常的な業務を実施するために必要な経営資源が発生するので，その資源の明確化と調達も必要である．なお，中小企業においては，経営者自らが事業継続を率先して行うことが多くなると考えられる．いずれにしろ責任の所在を明確にして対策に取り組む必要がある.

指揮命令系統の明確化に関し，事業継続計画を検討する際に十分に考慮すべき点を例示する.

- 災害時の組織体制について，災害対策本部長，事務局，各部門の対策実施本部などを組織化することが望ましい.
- 災害時には日常の業務と全く異なる業務が発生するため，部門を越えた動員体制を構築しておくことが望ましい.[27)]
- 災害対策本部長に連絡が付かなかった場合や不在の場合の権限委譲や代行順位をあらかじめ決定しておく必要がある.

---

27) 組織は日常の組織をそのまま用いる方法と，情報収集，分析評価，後方支援，実施対応，情報発信などの機能別に組織を考える方法がある．被害程度に応じて現地対策本部を構築したり，お客様対応チーム，復旧チーム，被災社員支援チームなど状況に応じて柔軟に組織を変更したりする臨機応変の対応が望まれる.

- 各部門の対策実施本部長も権限委譲や代行順位を決定する必要がある.

2.2.5.2 本社等重要拠点の機能の確保

災害時には，対策を検討・指揮するため，災害対策本部長および幹部社員等が集合する場所が必要であるが，本社，あるいは支店，支社などの重要な拠点が被災した場合に備え，あらかじめどのような場合にはどこに集合し，どの業務を継続するかを決めておく.[28]

本社等の重要拠点の機能の確保に関し，事業継続計画を検討する際に十分に考慮すべき点を例示する.

- 被災地での業務の再開以外に，非被災地での業務の継続も検討.（例えば，被災地以外の拠点や工場に指揮命令権を移すなど）なお，被災地以外に拠点を移すことの検討は必須ではないが，その検討をせずに利害関係者の理解が得られるかを慎重に考慮する必要がある.
- 遠隔地の文書・電子データ保存サービスの活用
- 時差を考慮する.（日本が休日・夜間であっても海外は営業時間であることもあるため海外への情報発信が必要）
- 自治体等の各種制度や防災隣組の機能など，地域の資源を活用する.

2.2.5.3 対外的な情報発信および情報共有

災害発生後は，取引先，消費者，従業員，株主，市民，自治体などと情報を共有すること[29]が重要である．企業活動が関係者から見えなくなる，何をしているのか全然わからないといった，いわゆるブラックアウ

28）集合場所は，企業の営業所，同業他社や取引先の事務所，商工会議所，社宅，寮などでもよい.

トを防ぐための対策を講じる必要がある.[30] そのためにも，関係者との事前の協議が重要となる.

中堅中小企業でも取引先企業やサプライチェーンの発注者への情報提供が必要である.

対外的な情報発信および情報共有に関し，事業継続計画を検討する際に十分に考慮すべき点を例示する.

- 情報収集・伝達，広報体制の確立
- 関係当局，周辺住民，サプライチェーン等の関係者との連絡体制の構築
- 通信・情報連絡手段の確保

2.2.5.4 情報システムのバックアップ

情報システムは事業を支える重要なインフラとなっている．必要な情報のバックアップを取得し，同じ災害で同時に被災しない場所に保存することはもとより，特に重要な業務を支える情報システムについては，バックアップシステムの整備が必要となる.[31] また，災害時の事業継続計画の実践時においては，重要な業務のみを先行して実施するため，災害対応が落ち着き，いよいよ全面復旧へ向け，代替設備・手段から平常運用へ切り替える際に，通常業務に必要なデータの欠落や不整合による障害が発生するおそれがある．これらを防ぐための詳細な復帰計画をあ

29) 一般に，平時から関係者同士が情報を共有することをリスクコミュニケーションと呼ぶ．また，事後の情報共有をクライシスコミュニケーションという場合もある.

30) 特に，国際的に取引を行っている企業においては，地震発生のニュースを機に取引停止や契約の締結延期，あるいは国際金融市場における為替や株価などの急激な変動などが起こる可能性があり，適切に対応する必要がある.

31) バックアップシステムに関しては，㈶金融情報システムセンター(FISC)発刊の「金融機関等におけるコンティンジェンシープラン策定のための手引書」や，経済産業省の「事業継続計画策定ガイドライン」(企業における情報セキュリティガバナンスのあり方に関する研究会報告書・参考資料)などを参照.

らかじめ策定しておく必要がある.[32)]

情報システムのバックアップに関し，事業継続計画を検討する際に十分に考慮すべき点を例示する.

- 守るべき重要業務と情報システムの関係の明確化
- バックアップ稼働・切り替え計画，復帰計画の策定
- 自家発電装置，電源や回線など各種設備の二重化対策の実施
- 遠隔地の文書・電子データ保存サービスの活用

2.2.5.5 製品・サービスの供給関係

現在は，部品から完成品まで1つの製品を1社のみ単独で製作するのはむしろまれである．したがって，原材料の供給，部品の供給，輸送，生産，販売などに携わる複数の企業(サプライチェーン)の中のどこかが被災すると，その製品は市場に提供されないことになる．このことは，事業継続計画が自社だけで完結しなくなっていることを意味している．したがって，平時から自社に関連のある企業の事業継続に関する情報を集めるとともに，自社の事業継続計画の現状についてあらかじめ取引先に理解を求めておくことも重要である.

製品・サービスの供給が行われている状態とは，製品についていえば，工場の早期復旧，代替生産の実施，OEM その他の他社工場での生産など，何らかの形で生産が継続されればよく，また，在庫を活用し製品を供給できればそれでもよい．工場が被災すると生産の再開には時間がかかるが，事業継続の手段が無いわけではない.

製品・サービスの供給関係に関し，事業継続計画を検討する際に十分に考慮すべき点を例示する.

32) 例えば，①受発注システムのバックアップシステムを稼動させた場合に決算システムとの整合性をとる，②手作業で事務処理を行った場合，情報システム復旧後もすぐにエントリーは行わず，手作業部分の正しいエントリーの終了を確認するなどがある.

- 被災工場を早期復旧する以外に，被災地以外の工場・拠点で代替生産を実施することも検討する.
- 部品や材料の供給元となる会社の被災状況予想の把握，それら会社の代替性の確保，あるいはそれら会社と協力して事業継続計画を作成することなどが重要である.[33]
- サプライチェーン発注元・発注先の協力をあらかじめ得ておく.(特に，拠点が分散していない場合)
- OEMの実施・同業他社との応援協定を利用する.(特に，拠点が分散していない場合)
- 適正在庫の考え方の見直し.(特に，代替品のない1社のみが生産している部品材料の場合)

2.2.6 事業継続と共に求められるもの

災害対応は，非常に多岐にわたる.[34] そして，事業継続とともに，生命の安全確保，二次災害の防止，地域貢献・地域との共生に，あわせて対応することが必要である.

2.2.6.1 生命の安全確保と安否確認

お客様および役員・従業員，協力会社，派遣会社社員などの命を助けるために，救急救命ができる要員をできるだけ多く確保する必要がある.また，事務所・事業所の耐震化は，生命の安全確保に大きく貢献する(2.2.6.2).これらのことは，多くのお客様が来店される業種ではさらに重要となる.[35][36]

---

33) リスクマネジメントでは，対策に，回避，低減，移転，保有の区分けがあるが，区分けに過度にこだわる必要はないのでここでは省略する.

34) 地震対策を例にとってみても，震動による被害を受けないための被害抑止策，被害が発生した際に火災や薬液の漏洩などを防ぐ直接被害の軽減策，利益損失や損害賠償等の間接被害の軽減策などが考えられる.

さらに，災害発生直後は，役員および従業員の安否確認を速やかに行うことが必要である．平時から安否確認の実施手順を定めて，定期的に訓練することが有事の際に役立つ．[37)]

2.2.6.2 事務所・事業所および設備の災害被害軽減

重要業務の継続において代替場所の検討は重要であるが，可能ならば本社の事務所，工場等の事業所および設備が被災しないことが望ましい．事務所・事業所や設備が被災を免れることは，生命の安全を確保し，ひいては復旧速度を早めることにもつながる．

特に，わが国においては，建物の耐震化が極めて重要であり，製造機器，付帯設備，什器備品等の転倒防止に努めることも重要である．また，被災の可能性の高さの面では風水害への備えも望まれる．[38)]

耐震化等による災害への事前の備え

わが国においては，生命の安全を確保し，火災等の二次災害の発生を抑制し，事業の継続や業務復旧を速やかに実施するためには，事務所・事業所に耐震性があることが基本的な要求事項である．旧耐震基準の建物を使用している場合は，企業の体力に応じ，中期的な計画に基づき，耐震診断，耐震補強を行うことを政府として強く推奨する．もちろん，耐震化の優先順位は，本ガイドラインでも示した影響度評価やリスク評価などを

---

35) 被災後のメンタルケアの必要性も考慮に入れることが望ましい．

36) 地震や火災に備えるほか，津波への考慮も必要である．訓練の必要性については教育・訓練の項で説明する．

37) 企業の安否確認の具体策の例としては，連絡網の作成，安否確認システムの導入，あらかじめ何日後どこに集まるかを指定しておくラリーポイント制度などがある．

38) 情報社会において，データやITインフラの喪失は企業に大きな影響を及ぼしかねない．サーバー・ディスクなど，重要装置の災害対策も重要である．

踏まえ，費用対効果を勘案して決定していくことでよい．

また，地震に際して建物は無事であっても，製造機器が被災したり，空調機などの付帯設備が被災したりすると復旧に時間がかかる．機器の固定には万全を期し，ロッカーなどの什器備品にも転倒防止策を施すことが重要である．[39)]

一方，耐震補強や設備の耐震化には相当の投資が必要となるため早急な対応が困難でも，それを理由に，各社が事業継続計画の策定を放棄したり，対応を遅らせたりすることは望ましくない．事業継続計画の策定は，実際の投資とは切り離して実施可能なものである．

わが国で想定される災害には，地震のほかに台風等の豪雨(河川氾濫等)，高潮，津波災害なども考えられる．自治体から被害想定(ハザードマップ等)が発表されている場合は，それらを参考に対策を講ずることを推奨する．風水害の危険地域に事務所・事業所がある場合には，製造機器，付帯設備，什器備品などに水の害が及ばないよう重要機器の設置場所を嵩上げする，あるいは2階に移すなどの対策も選択肢のひとつである．

2.2.6.3 二次災害の防止

地域社会に迷惑をかけないため，火災の防止，延焼防止，薬液などの噴出・漏洩防止などの安全対策を実施する．災害発生後は，これらの問題が発生していないか，建物や構築物が敷地外に倒壊する危険がないかの確認を至急行う体制をとること，危険が周辺に及ぶ可能性のある場合には周辺住民への危険周知や避難の要請，行政当局への連絡と連携した対応をとることを，計画の中に盛り込む．

39) 端末機の転倒防止策は盗難防止対策もかねて行うことを推奨する．

また，安全対策を実施する要員をあらかじめ確保し，要員の招集訓練も実施する．

2.2.6.4 地域との協調・地域貢献

災害の中には，自然災害をはじめとして，企業のみならず自治体や地域住民にも同時に襲いかかるものが多い．したがって，災害後の企業の円滑な復旧のためには，地域住民や周辺自治体との協調が不可欠である．

企業が事業継続を徹底して追求すると，復旧に必要な外部資源の確保などを至上命題とするような計画になってしまう可能性がある．しかし，各企業が自己の利益のみを優先させた行動をとると，激しい交通渋滞の発生や物資の買占めなど地域の復旧を妨げることになりかねない．したがって，そのような事態を避けるべきであろうし，本ガイドラインを作成する政府としても是非，そのような事態にならないよう，各企業に理解と協力を求めるものである．

また，企業の施設や設備に被害が発生した場合，復旧には資材や機械の搬入や工事の騒音・振動など，周辺地域の理解を得なければ実施できない事柄も多く，相互理解が必要である．

例えば，人の命が助かる可能性が高い災害直後の期間内(例えば，震災後3日間程度)は，ライフライン企業などを除き，応急対応要員以外の従業員に出勤を求めず自宅待機を要請すれば，自宅周辺の人命救助，火災防止，弱者支援など地域の安全確保に貢献する機会をつくることにもなる．[40]都市中心部にある企業であれば，都市中心部の混雑要因も緩和できる．

さらに，企業としても，災害が発生した際には，市民，行政，取引先

40) 特に大都市圏では，ライフラインが復旧しない状況の中で多くの社員に無理な出社指示を出すと，水や食料の不足や，トイレやゴミなどの対応の混乱を招くことが予想される．もし多くの社員に出社指示を出すのであれば，当然企業自身でゴミやトイレ等の対応を行い，地域に迷惑をかけないことが望まれる．

企業などと連携し，地域の一日も早い復旧を目指すことが望まれる．企業がその特色を活かして地元地域の早期復旧や災害救援業務に貢献できる場合には，有事に備え，平時から地元地方公共団体と合意し，あらかじめ協定を結ぶことなどが社会的にも望まれている．[41)]平常時からこれら主体との連携を密にしておくことも望まれる．[42)]

企業の地域貢献には，①義援金を提供する，②避難者へ自社の敷地や建物の一部を開放する，[43)]③保有する水，食料その他の物資を提供するなどが一般的であるが，④地元地域の災害救援業務を支援するために必要とされる技術者の派遣，⑤社員のボランティア活動への参加など，様々な方法がある．企業価値の向上という面でも可能な対応を行うことが望ましい．

また，社員個人の自主的なボランティア活動を促進させるうえで，企業におけるボランティア休暇制度の普及が期待される．

2.2.6.5 共助，相互扶助

地域が広く被災した場合には，自助だけの復旧には限界がある．したがって，有効な事業継続の観点から，工業団地をはじめ企業の隣組での共助，サプライチェーン関係の企業では発注元などとの共助，同業他社との共助などの仕組みを作っておくことが望ましい．[44)]

41) 実費を有料とする災害時協定を締結することもある．協定には水・食料の提供などのほか，道路啓開や機器の修理，物資の運送，通訳など様々な業務がある．

42) 平時からNPOや地元自治会と連絡を取り合い，自治会やNPOの活動へ集会場所を提供したり，市民を対象にセミナーを共催したりするなど日常活動の充実を図ることも望まれる．

43) 病院，ホテル，ターミナルビルなど，被災時に救護場所や避難場所となる可能性が高い施設を企業が有する場合には，電気・ガス・水道などの公的ライフラインの広域破断に備えて，自家発電・自家水源・代替燃料などを平常時から確保しておくことが望ましい．

44) OEMでの製品供給や事務所の利用，復旧要員の派遣など対応は多々ある．

2.2.6.6　その他の考慮項目

就業時間内に被災した場合には，従業員が自宅に戻るまでに必要な水・カンパン，トイレなどの手当が望まれる．業務復旧に必要なコアメンバー用には，復旧期間中の業務・生活のための備蓄を確保すべきである．さらに，建物や設備の倒壊などにより閉じこめられた従業員を救出するためのバールなどの機材も，ある程度備えておくことが必要である．[45)]

また，従業員の家庭における被害を軽減することは，そのこと自体が重要であるが，復旧に必要なコアメンバーをはじめとする従業員が企業業務に携われる可能性を高める意味もあるので，企業として取り組むことも考えられる．[46)]

2.3　実施および運用

2.3.1　事業継続計画に従った対応の実施

事業継続計画を策定した後は，しかるべき予算を確保し，中長期計画も含めて年次計画の中で事業継続計画に従った対応を実施する必要がある．事業継続計画の対応においては，2.2.4の「重要な要素」の対応計画の策定に特に注力することがポイントとなる．[47)]

計画は実践されなければ意味をもたない．日常の業務において，既存の計画をいかに当初の目標どおり実施し，またいかに新たな計画を実行に移していくかが重要である．[48)]

---

45)　広域災害時には救急，消防，警察などの公的機関は早期に駆けつけることが困難な場合も考えられるため，仲間の救出は自助努力で実施せざるを得ない場合があり，必要な機材を備えておくことが望ましい．バール，のこぎり，スコップ，ハンマー，番線カッター，ジャッキ，簡易ウインチ，ロープ，はしご，防塵マスク等．

46)　住宅の耐震改修や家具の転倒防止，水，食料，トイレの備蓄，地震保険などの知識教育も重要である．また，従業員の家族との安否確認の徹底には，災害時伝言ダイヤル171の利用体験などが望ましい．

2.3.2 文書の作成[49]

2.3.2.1 計画書およびマニュアルの作成

事業継続の対策の方針，被害の想定，事業継続計画，事前準備，災害時の業務，日常の組織体制，非常時の組織体制と指揮命令系統，継続的改善要領などを含めたすべてについて，部門別や役割別に，計画書およびそれを実現するための手順を記したマニュアルを作成する．[50]

計画書には，重要業務を目標復旧時間内にどうやって実現するかとい

---

47) 対応策の基本的事項を例示すると以下のとおり．
- 対応する組織とその役割を明確にする．
- 事業継続手順を明確にする．
- 事業継続に必要な資源および調達先を明確にする．
- 事務所のバックアップ先を選定し，事務所のバックアップ先にマニュアル，パソコン，電話回線，机，各種書類，事務機器などが確保できる段取りをつける．
- 情報システムのバックアップの手段を決め，バックアップするデータを決定し，バックアップシステムや代替場所からの復帰する手順も考えておく．
- 企業の存続に関わる文書や代替情報が他に求められない文書(バイタルレコードと呼ばれる：末尾参照)のバックアップを行う．
- 生産拠点の分散化を検討する．
- 在庫の増強や在庫保管場所の分散を検討する．
- 取引先を複数とすることを検討する．
- 同業他社との OEM 協定を検討する．
- 緊急時の連絡網を作成する．複数の連絡手段を確保しておく．
- マニュアルは幹部の自宅にも配布する．
- 顧客，取引先，関連先，行政，新聞広告先などの連絡先一覧を作成する．
- 復旧業者との契約を行っておく．
- 手作業代替の場合の手順を作成する．

※バイタルレコードには，設計図，見取図，品質管理資料等，災害時に直接的に必要な文書やコーポレートガバナンス・内部統制維持，法令遵守，説明責任確保のための文書，権利義務確定，債権債務確保のための文書等，間接的に必要な文書がある．

48) 既にマネジメントシステムに慣れ親しんでいる企業では，本項で掲げた各項目に加えて，実施記録の取得，運用管理，文書管理などマネジメントシステムの標準的な項目を実施することでよい．

49) ここでいう文書とは，計画書，マニュアル等のほか，稟議書，議事録，訓練記録，災害対応記録など，すべての文書を含む．

50) 通常，マニュアルは，「方針」，「規程」，「基準」，「手順」等の階層構造をもって作られる．

う方法論が記載されていなければならない．

マニュアルは，対応方針や対応策の社内での確認・周知と，人事異動時のノウハウの継承，さらには日常の勉強用に用いるものである．

2.3.2.2 チェックリストの作成

災害発生時には，分厚いマニュアルをその場で紐解いている時間がない．そこで，指揮をとる責任者は，方針や方向性の確認，最低限の実施項目および進捗管理用に，また，重要業務を継続するための手順を定めたチェックリストを準備しておくことが望ましい．

2.3.3 財務手当て

企業が被災した場合には，事務所・事業所の損壊焼失の復旧および財務面の信用維持のための資金が必要になる．財務手当てとしては，必要に応じ保険や銀行の災害時融資予約などを検討することも考えられる．また，災害発生後に自治体が提供する災害時ローンなどについてあらかじめ適用可能かどうかを検討しておくことも有効である．

2.3.4 計画が本当に機能するかの確認

重要業務が目標復旧時間内に本当に復旧できるか実際に確認しておくことが必要である．例えば，復旧に必要な資機材が定めた時間内に調達できるかどうかを確認したり，また，システム停止に備えて手作業で業務処理を行うなどと定めている場合は，その業務処理量が現実的であるかどうかを模擬訓練（シミュレーション）も含めて確認しておく必要がある．

2.3.5 災害時の経営判断の重要性

以上のように一定の被害を想定して対応策を検討し，備えておいても，災害はこれらの予測を超えて発生する場合がある.[51] このような状況下では，策定していた計画に固執せず，その計画をたたき台に臨機応変に経営者(災害対策本部長)およびこれを支える事務局部門が判断していくことが重要である.[52]

2.4 教育・訓練の実施

事業継続を実践するためには，経営者をはじめとする全従業員が事業継続の重要性を共通の認識として持つこと，つまり「文化」として定着していることが大切である．こういった観点からも平時から教育・訓練を継続的に実施する必要がある.[53]

---

51) 例えば，新潟県中越地震では想定外の強い連続した余震が発生した.

52) 災害時の判断で考慮すべき点としては，時系列に沿って，以下の点を例示できる.

- 早期の被害状況の確認.
- 被害状況が入手できない場合は最悪を考える.
- サプライチェーンの被災状況の把握.
- 事務局要員の早期動員と遊撃部隊の創設.
- 先遣隊の派遣.
- 業務の影響範囲の確認.
- 災害時対処の基本方針の決定.
- 対策の優先順位付け.
- 復旧目標の明示.
- 初期対応の指示および進捗管理.
- 各種組織または臨時チームの創設と責任者の任命.
- 代替先への移転可否の決定.
- バックアップシステム稼動の可否.
- 復旧資材の確保.
- 再開した業務の状況把握.
- 追加として必要な資材の把握.
- 現状への復帰の判断.
- 再発防止策の検討.
- 臨時予算の確保.
- 関係者への説明.
- 総括および反省.

53) 企業では人事異動が常であるほか，最近は企業分割や合併なども多いため，ノウハウの維持が重要であり，そのためにも教育訓練の継続が必要である.

災害時に実施すべき業務をすべて紙面に記載しただけで，すべての関係者がその業務を確実に実践できると考えることは現実的ではない．そのため，日常の訓練が不可欠であり，基礎知識を与える教育のほか，幹部職員を対象とした机上訓練や意思決定訓練，実際に体を動かす避難訓練，消防訓練，バックアップシステム稼動訓練，対策本部設営訓練など，様々な訓練が重要である．

また，有事にはマニュアルを読んで理解するだけの時間的余裕が無いため，災害対応業務の実施にはマニュアルの内容を熟知した要員をあらかじめ育成しておく必要がある．

2.5　点検および是正措置

企業として1年間の業務を振り返る機会に併せて(あるいは年1回以上定期的に)，事業継続の取組状況を評価する必要がある．実施できているところとできていないところを把握し，日常業務の中で取り組めるところはその都度改善しなければならない．また，評価結果や改善内容は経営者に報告されなければならない．

2.6　経営層による見直し

経営者は，定期的な点検結果を踏まえて改善点を洗い出し，事業継続の取組み全体を見直し，次年度以降の方向性を打ち出す必要がある．その際に，正しい現状認識を持ち，事業活動の変化を十分踏まえることも求められる．災害等のリスクに強い企業となるためには，この見直しを定期的に繰り返す必要がある．[54)]

54)　2.5，2.6については，すでに品質マネジメントシステム ISO 9000，環境マネジメントシステム ISO 14001，リスクマネジメントシステム JISQ 2001，情報セキュリティマネジメントシステム ISO 17799 などを導入している場合は，既存のマネジメントシステムの活動(「監視」，「評価」，「是正・改善」，「監査」)に沿った進め方をすればよい．

なお，業務が変化するスピードが速いため，経営者による定例の見直しのほかに，事業の大幅な変更・再構築，事業拡大，新製品の導入，事業所の移転など重要業務に変更などが生じた場合にもその都度事業継続の取組み全体を見直す必要がある．

III　経営者および経済社会への提言

本ガイドラインでは，企業が事業継続の対策を講じていくうえで必要なこと，望ましいこと等を，主に欧米で発展してきた事業継続の対策の枠組みも踏まえながら記述してきた．その中でも，災害対応における経営者の的確な判断が各所に求められている．

そして，本ガイドラインの最後にあたり，政府・中央防災会議専門調査会として，企業の経営者の方々および広く経済社会に対し，災害対策に取り組むうえで考慮していただきたいことを提言する．

（1）株主，取引先，消費者，行政，従業員などから，災害時の事業継続の対策ができている企業であると評価されることが取引の拡大や企業価値の向上につながる可能性があることについて，理解が拡がることが望まれる．また，今後，そのような可能性を積極的に大きくしていくべきである．

（2）企業が災害で被害を被った場合，企業は重要な業務を絞り込み，限られた要員を集中的に投入することが，経営判断として必要である．そして，この重要業務の絞込みは，災害後の事業継続の対策期間内に限らず，その後の期間を見据えた中期的・長期的な観点においても必要となる可能性が高いことを認識すべきである．

（3）災害時の事業継続の対策を検討することで，企業にとって重要な業務，プロセス，資材等の優先順位を把握することができ，かつ，その重要度を踏まえ，リスクに応じたメリハリのある災害対策を行うことが可能となり，対策の費用対効果，投資効果を高められるため経営上も有益であることについて，理解が拡がることが望まれる．

（4）日本企業の地震リスクは，海外投資家の関心も高い．そこで，投資家の懸念を払拭するためにも，地震リスクは，その対応策とともに，何らかの方法で(有価証券報告書や営業報告書，社会環境報告書その他)積極的に開示することが望まれる．また，このような姿勢が企業の評価を高めると考えられる．

（5） 災害発生への備えと災害発生時の対応は，まず企業の経営者の責任との認識が拡がるべきである．

また，それらは企業の社会的責任の観点からも必要との認識も拡がるべきである．経済性の観点では，被害の軽減および事業継続ができることにより，株主への経済的損失を軽減でき，復興需要を得るチャンスともなる．環境の観点では，環境汚染などの二次災害の防止対策が評価される．そして，社会性においては，早期の業務回復が地域の雇用確保につながり，生命の安全なども評価される．

付録1. 用語の解説

BCP (Business Continuity Plan)

事業継続計画のこと.

ISO (International Organization for Standardization)

国際標準化機構. 各国の代表的標準化機関からなる国際標準化機関であり, 電気, 電子技術及び通信分野を除く全産業分野(鉱工業, 農業, 医薬品等)に関する国際規格の開発・改正を行っている.

JIS (Japanese Industrial Standards)

日本工業規格. 我が国の工業標準化の促進を目的とする工業標準化法(昭和24年)に基づき制定される国家規格.

NPO (Non-profit Organization)

非営利組織(団体). 継続的, 自発的に社会貢献活動を行う, 営利を目的としない団体の総称. 特定非営利活動促進法(NPO法)は, これらの団体が簡易な手続きで法人格を取得する道を開くための法人格付与制度などを定めている.

OEM (Original Equipment Manufacturing)

相手先商標製品. 相手のブランド名で部品や完成品を供給する委託生産方式.

意思決定訓練

事件や事故が発生したことを想定し, それに対しどのような方針で望むのか, また組織, 要員, 資金等をどう手当するか等を短時間で決定し，指示する訓練.

営業停止損失

事業が継続できなくなったことにより発生する売上の減少やそれに伴う利益損失.

机上訓練

意思決定訓練のひとつ．事件や事故のシナリオを基に時間軸に沿って重要な場面を研修すること.

旧耐震基準

1950年に施行された建築基準法の耐震規定は，十勝沖地震(1968年)や宮城県沖地震(1978年)などの被害地震の経験を踏まえ，1971年と1981年の2度にわたって改定された．ここでは，1981年以前に用いられた建築基準を指す．旧耐震基準による建物の耐震性を危ぶむ声も多い.

クライシスコミュニケーション

緊急事態が発生した場合の情報の共有化．緊急時の記者会見を含む．クライシスコミュニケーションはリスクコミュニケーションに含まれる.

クリティカルパス

プロジェクトの作業工程にいくつかの分岐がある場合，最短時間ですべての工程を終了できる作業経路のこと．この経路上で遅れが生じると他の工程にも影響が出るため，重点的に監視する必要がある.

コンティンジェンシープラン

緊急事態が発生した場合の対応手順をあらかじめ定めたもの.

災害時ローン

自治体によっては，災害貸付制度を持ち，地震，大火，風水害等の被災者に融資を行っている．融資対象および融資条件は自治体のホームページなどに掲載されている．中小企業に対する融資については，政府系金融機関が災害復旧貸付制度を設けている.

サプライチェーン

供給者から消費者までを結ぶ，開発・調達・製造・配送・販売の一連の業務のつながりのこと．サプライチェーンには，供給業者，メーカー，流通業者(卸売業者)，小売業者，消費者などが関係する．また，取引先との間の受発注，資材・部品の調達，在庫，生産，製品の配達などを統合的に管理，効率化し，企業収益を高めようとする管理手法を「サプライチェーン・マネジメント」と呼ぶ.

サービスレベルアグリーメント

契約を締結する際に，提供するサービスの範囲・内容及び前提となる諸事項を踏まえた上で，サービスの品質に対する要求水準を規定するとともに，規定した内容が適正に実現されるための運営ルールを両者の合意として明文化したもの.

支援協定

自治体と企業が災害後に発生する業務について事前に締結する協定．食料の供給，避難場所の提供，道路啓開支援などがある.

事業継続計画

災害時に特定された重要業務が中断しないこと，また万一事業活動が中断した場合に目標復旧時間内に重要な機能を再開させ，業務中断に伴う顧客取引の競合他社への流出，マーケットシェアの低下，企業評価の低下などから企業を守るための経営戦略．バックアップシステムの整備，バックアップオフィスの確保，安否確認の迅速化，要員の確保，生産設備の代替などの対策を実施する(Business Continuity Plan：BCP)．ここでいう計画とは，単なる計画書の意味ではなく，マネジメント全般を含むニュアンスで用いられている．マネジメントを強調する場合は，BCM(Business Continuity Management)とする場合もある．

初動体制

事故・災害が発生した直後の体制を指す．対策本部長を決定し，意思決定ができる組織．現場への指揮命令・情報収集機能を有する．

情報セキュリティガバナンス

社会的責任にも配慮したコーポレートガバナンス(企業の意思決定の仕組み)とそれを支えるメカニズムである内部統制の仕組み(企業が業務を適正かつ効率的に遂行するために構築・運用される社内体制及びプロセス)を，情報セキュリティの観点から企業内に構築・運用すること．

耐震改修促進法(建築物の耐震改修の促進に関する法律)

平成7年12月25日に施行された法律で，地震による建築物の倒壊等から国民の生命，身体及び財産を保護するため，建築物の耐震改修促進のための措置を講ずることにより，建築物の地震に対する安全性の向上を図り，公共の福祉の確保に資することを目的としている．

第三者認証制度

ある組織又は個人が規格の要求事項に適合した活動をしているか否かについて，その組織又は個人と直接の取引等がない機関(第三者)が審査し証明する制度．企業や自治体等の各組織又は個人が自分自身で審査し認証することを第一者認証，組織又は個人の取引先等の相手先が審査し認証することを第二者認証という．

道路啓開

通行上の障害となる道路上の障害物を除去し，交通路を確保すること．

ハザードマップ

被害予測図．地域や都市の状況に合わせ，危険情報を公開・掲載する取組みが自治体で進んでいる．項目としては，火山噴火，土砂災害や浸水の危険区域，あるいは地震時の避難地，避難路などが該当．

バックアップオフィス

メインオフィスが自然災害やテロ等により使用不能となった場合に備えてあらかじめ確保したオフィス．事業継続に必要な要員を収容し，業務に必要な設備や機能を備えている．

ビジネス・インパクト分析(BIA：Business Impact Analysis)

事業の中断による，業務上や財務上の影響を確認するプロセス．重要な事業・業務・プロセスおよびそれに関連する経営資源を特定し，事業継続に及ぼす影響の分析を行う．例えば，①重要な事業の洗い出し，②ビジネスプロセスの分析，③事業継続にあたっての重要な要素(ボトルネック)の特定，④復旧優先順位の決定，⑤目標復旧時間の設定の手順を踏む.

ブラックアウト

組織と関係者の間で双方向の情報交換ができない状態をいう.

ボトルネック

本来の意味は，瓶の首の細くなったところ. 事業の継続や業務復旧の際にその要素がないと全体の進行が立ちゆかなくなってしまうもの.

マネジメントシステム

経営におけるひとつの標準化された手法. 経営者が参加し，方針，計画(Plan)，実施(Do)，評価(Check)，見直し(Act)を繰り返す.

ラリーポイント制度

時間と場所を指定してそこに集合するしくみ. 例えば，あらかじめ災害発生後48時間後に○○へ集合することを従業員に周知徹底しておき，その集合場所で企業側の今後の対応等を伝えること.

リスクコミュニケーション

リスク情報の送り手と受け手間における共有を通じ，リスクに関わる相互理解をするための活動・プロセスをいう. 情報の共有は，組織間，組織内の双方を含む(クライシスコミュニケーション参照).

リスクの定量化

客観的な評価を行うために，リスクの発生頻度と影響度をそれぞれ何らかの手法によって数値化すること．

リスクマネジメント

リスクを予想し，リスクが現実のものになってもその影響を最小限に抑えるように工夫すること．リスク克服に関するマネジメント，ノウハウ，システム，対策などを意味する．

リスク分析

利用可能な情報を体系的に用いて原因となる事象を特定し，その特定した事象の発生確率と影響度を分析すること．

付録 2. 参考文献

- 金融機関等におけるコンティンジェンシープラン策定のための手引書：㈶金融情報システムセンター(FISC)
- 事業継続計画策定ガイドライン(企業における情報セキュリティガバナンスのあり方に関する研究会報告書・参考資料)：経済産業省
- JIS Q 2001(リスクマネジメントシステム構築のための指針)(2001年)：日本規格協会
- PAS 56(Guide to Business Continuity Management)：BCI(The Business Continuity Institute)：英国国家標準
- NFPA 1600(Standard on Disaster/Emergency Management and Business Continuity Programs 2004 Edition)：米国国家標準
- JIS X 5080(情報技術—情報セキュリティマネジメントの実践のための規範)(2002 年)：日本規格協会
- ISO 17799(情報技術—情報セキュリティマネジメントの実践のための規範)：国際標準化機構
- オーストラリア・ニュージーランド BCP 規格：AS/NZS HB 221 BCP/DRP 基本要件チェックリスト(外資系企業/概略版)：㈱ワンビシアーカイブズ
- 業務継続計画レベルチェックシート(「リスクマネジメントがよ～くわかる本」より)：東京海上日動リスクコンサルティング㈱
- 事業継続マネジメント入門—自然災害や事故に備える，製造業のためのリスクマネジメント：SEMI 日本地区 BCM 研究会 編
- 当取引所の BCP(緊急時事業継続計画)について：㈱東京証券取引所
- コーポレート・クライシスマネジメント—ビジネスコンティニュイティの本質：知的資産創造／2002 年 10 月号；野村総合研究所
- 情報セキュリティで企業は守れるのか—企業危機管理マニュアル：国

際社会経済研究所，危機管理対策機構
- DRII（Disaster Recovery Institute International）：http：//www.drii.org/
- BCI（The Business Continuity Institute）：http：//www.thebci.org/
- 業務継続計画目次例：内閣府企業と防災に関する検討会議第3回参考資料
- 米国における民間金融機関のバックアップ体制：内閣府中央防災会議首都直下地震対策専門調査会第4回事務局説明資料
- 防災情報のページ（内閣府防災担当のホームページ：http：//www.bousai.go.jp/
- 平成16年版　防災白書：内閣府 編
- 企業の地震対策の手引き：社団法人日本経済団体連合会
- 企業における地震対策ガイドライン：社団法人中部経済連合会
- 地域防災力の診断：内閣府　http：//www.bousai.go.jp/bousairyoku/index.html
- JIPDECリスクマネジメントシステム解説書：財団法人情報処理開発協会
- 調査　第80号（防災マネジメントによる企業価値向上に向けて―防災SRI（社会的責任投融資）の可能性―：日本政策投資銀行
- 地方公共団体の地域防災力・危機管理能力評価指針：総務省
- 阪神大震災　その時企業は（徹底検証・危機管理）：日本経済新聞社 編
- 地震被害想定　例）平成14年度仙台市地震被害想定（概要）：仙台市消防局ホームページ http：//www.city.sendai.jp/syoubou/bousai/yuresoutei.html
- 災害時伝言ダイヤルインターネット情報（疑似体験コーナー）：NTT東日本　http：//www.ntt-east.co.jp/voiceml/pseudo/index.html
- ISO 9000シリーズ（品質マネジメントシステム）：国際標準化機構

- ISO 14001（環境マネジメントシステム―仕様及び利用の手引）：国際標準化機構
- 平成 16 年度　ビジネス継続性技術調査報告書：㈶情報処理相互運用技術協会
- Open for Business：IBHS（Institute for Business & Home Safety）
- http：//www.ibhs.org/docs/OpenForBusiness.pdf
- Ready Business：DHS（Department of Homeland Security）
- http：//www.ready.gov/business/index.html
- 救出・救護資機材　東京消防庁 <生活安心情報・地震に備えて>
  http：//www.tfd.metro.tokyo.jp/lfe/bou_topic/jisin/sonae10.htm#hijou

付録3. 国際規格との関連性

事業継続に関する最近の国際規格化の動きを考える場合には，英米等の関連規格が取り上げている要素をみるのが有効であり，本ガイドラインの項目のうち，英米等の関連規格において重要な要素とされている項目は以下のとおりである．

2.1　方針
2.2　計画
2.2.2　影響度の評価
2.2.2.1　停止期間と対応力の見積もり
2.2.2.2　重要業務の決定
2.2.2.3　目標復旧時間の設定
2.2.3　重要業務が受ける被害の想定
2.2.4　重要な要素の抽出
2.2.5　事業継続計画の策定
2.2.5.1　指揮命令系統の明確化
2.2.5.2　本社等重要拠点の機能の確保
2.2.5.3　対外的な情報発信および情報共有
2.2.5.4　情報システムのバックアップ
2.2.5.5　製品・サービスの供給関係
2.2.6.1　生命の安全確保と安否確認
(2.2.6.4　地域との協調・地域貢献)
2.2.6.5　共助，相互扶助
2.3　実施および運用
2.3.1　事業継続計画に従った対応の実施
2.3.2　文書の作成

2.3.3 財務手当て

2.3.4 計画が本当に機能するかの確認

2.3.5 災害時の経営判断の重要性

2.4 教育・訓練の実施

2.5 点検および是正措置

2.6 経営層による見直し

5.2 「事業継続ガイドラインチェックリスト」の紹介

「事業継続ガイドラインチェックリスト」(以下，チェックリスト)は，ガイドラインに沿って各企業が取組みを進めた場合，重要な項目に漏れがないかを簡易にチェックできるように用意したものである．

さらに，このチェックリストには，事業継続の取組みに何が必要かを俯瞰して確認することに役立てることも期待されている．ガイドラインの「II 事業継続計画および取組み内容」の冒頭のフロー図「事業継続計画の取組みの流れ」も有用であるが，チェックリストでは各項目が求めている対応内容も簡潔に記しているのでより詳しく把握できる．(チェックリストの項番はガイドラインの項番に対応しており，重要項目のみ選び出した結果，項番が飛び飛びになっているのに注意.)

また，事業継続の取組みを企業内に浸透させるために継続的な改善が推奨されているが(ガイドライン1.3)，この継続的な改善のたびにチェックリストを繰り返し活用することで，進歩の確認と今後の対応計画づくりに役立つと期待される．

チェックリスト中の＊印をつけた項目は，ガイドラインにおいて必須項目として位置づけたものを網羅し，さらに，重要性の高い推奨項目も含んでいる．事業継続の十分な取組みとして外国企業からも評価を受けるためには，ガイドラインの付録3の「国際規格との関連性」で挙げている米英などの関連規格において重要な要素とされている項目に留意する必要がある．チェックリストで＊印をつけた項目が達成されていれば，海外からの評価も得られるとみてよい．

なお，このチェックリストは，事業継続の取組みについてのチェックリストであって，企業の幅広い防災への取組みについてのチェックリストではない．それには，別途，「企業の防災の取組みの自己評価項目表」が，同じ中央防災会議のワーキンググループから公表されている．全体で61項目の質問に答える方式で，その特徴は次のとおりである．

- 事業継続の取組みに着手していない企業の防災対策も評価できるようにしている．
- 自社としての防災の備えに加え，地域との連携・協調，他企業との共助・相互扶助，社会貢献などの項目も重視している．
- 防災に貢献する商品・サービスの向上も評価している．
- 質問を必須項目，基礎項目，推奨項目の3つの種類に分けて，別々に集計して判断するようにしている．

その質問の一覧表を本書の巻末資料3として掲載している．詳細な回答様式を含む全体は，内閣府防災担当の「みんなで防災」のページ http：//www.bousai.go.jp/minna/index.html から，「企業防災」をクリックすれば，そのページからダウンロードが可能であるので(2005年12月現在)，併せて活用することをお勧めする(**図表5.1**)．

図表5.1 「みんなで防災」のホームページ

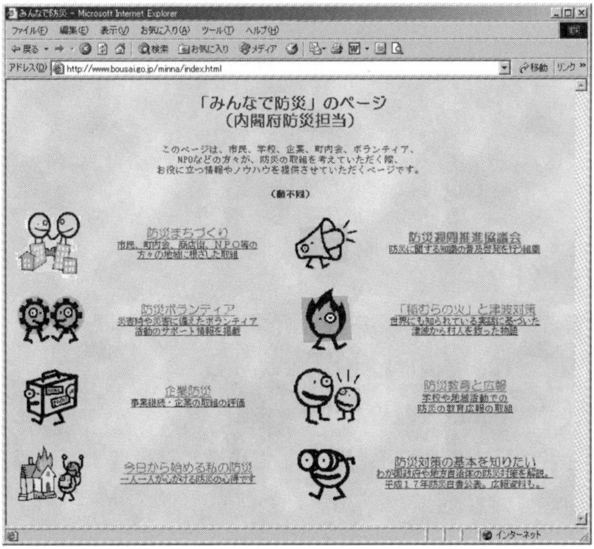

別添　　　　　　　　　　　　　　　　　　　　　　平成17年8月1日

事業継続ガイドライン　第一版　チェックリスト

本チェックリストは，事業継続ガイドライン　第一版【第2章 事業継続計画および取組みの内容】に沿って，企業の事業継続の取組みを簡易にチェックできるように用意したものである．加えて，事業継続の取組みには何が必要かを見渡すにも有用である．

また，本チェックリストは，企業の自主的な取組みを推進するためのものであるが，これを用いた点検結果については，経営者自らが把握すべきである．

ここで＊印をつけた重要項目は，ガイドライン本文で必要であるとした項目およびそれに準じた項目である．ガイドラインに沿って事業継続に取り組んでいると表明した場合，これら重要項目を満たしていると予期されることに留意が必要である．

なお，設問内容の詳細については，ガイドライン本文を参照願いたい．

＊印がついている項目は，重要項目

2.1 方　針

＊□①経営者は災害時の事業継続計画づくりに取り組むことを決定し，かつ，これを社内に周知しているか．

＊□②経営者は事業継続の基本方針を策定しているか．

＊□③経営者は社内外の関係者に対して事業継続に関する活動について説明しているか．

＊□④事業継続の基本方針は，取締役会または経営会議の決議を経ているか．

□⑤承認された事業継続の基本方針を公表しているか．

＊□⑥経営者は基本方針に沿った活動を行うために，必要な予算や要員などの経営資源を確保しているか．

＊□⑦経営者は自社の計画策定に際して，自ら参画するスケジュールを確保しているか．

2.2 計　画

＊□①企業が年次計画を立てる際に，併せて災害時の事業継続に関する年次計画を作成しているか．

＊□②事業継続の年次計画は，経営トップが了承した企業全体の経営計画の中に含まれているか．

2.2.2.1 停止期間と対応力の見積もり

＊□①主だった製品やサービスの供給停止が，生産量の減少，利益損失，賠償責任金額，信用失墜(顧客離れ)，資金繰りの悪化などの面から企業経営に及ぼす影響を評価し，どの程度までの停止期間に耐えられるかを判断しているか．

2.2.2.2 重要業務の決定

＊□①影響度評価を踏まえ，災害時に優先的に継続すべき重要業務を選定しているか．

□②停止期間に伴う各業務への影響を定量的に評価しているか．

2.2.2.3 目標復旧時間の設定

＊□①影響度評価の結果や，取引先や行政との関係，社会的使命等を踏

まえ，その重要業務の停止が許されると考える目標復旧時間を設定しているか.

＊□②目標復旧時間が契約や特別な法律・条例等で定められている場合，それに準じて目標復旧時間を設定しているか.

2.2.3 重要業務が受ける被害の想定

＊□①事務所・工場，機材，要員，原料，輸送，梱包，顧客など様々な対象に与える影響を考慮して，重要業務の被害の程度を想定しているか.

2.2.4 重要な要素の抽出

＊□①重要業務が受ける被害の想定に基づき，生産の再開や業務復旧に欠かせない主要な生産設備や情報などの資源を重要な要素として把握しているか.

＊□②重要な要素は複数のものを想定し，継続的に見直しを行っているか.

2.2.5.1 指揮命令系統の明確化

＊□①事業継続の組織体制と役割および指揮命令系統を明確にしているか.

＊□②事業継続の組織体制において，経営層の中から対策責任者を任命しているか.

□③部門を越えた動員体制を構築しているか.

＊□④災害対策本部長や各部門の対策実施本部長の権限委譲や代行順位についてあらかじめ定めているか.

2.2.5.2 本社等重要拠点の機能の確保

＊□①災害発生時に災害対策本部長や幹部社員などが集合する場所を複数選定しているか.

＊□②被災地での業務の再開以外に，非被災地での業務の継続も検討しているか.（例えば，被災地以外の拠点や工場に指揮命令権を移すなど.）

2.2.5.3 対外的な情報発信および情報共有

＊□①災害発生後，関係者との情報共有を図り，いわゆるブラックアウト(企業活動が関係者から見えなくなる，何をしているのか全然わからない状況)を防ぐための対策を講じているか.

＊□②情報収集・伝達，広報体制の確立につき十分に考慮されているか.

2.2.5.4 情報システムのバックアップ

＊□①必要な情報のバックアップを取得し，同じ災害で同時に被災しない場所に保存しているか.

□②遠隔地の文書・電子データ保存サービスを活用しているか.

＊□③特に重要な業務を支える情報システムについては，バックアップシステムを整備しているか.

＊□④平常運用へ切り換える際に障害が発生するのを防ぐため，情報システムの詳細な復帰計画を策定しているか.

□⑤自家発電装置，電源や回線など，設備の二重化を実施しているか.

2.2.5.5 製品･サービスの供給関係

＊□①平時から原材料・部品の供給，輸送，生産，販売などに携わる関連企業の事業継続に関する情報を収集するとともに，自社の事業継続計画について関連企業の理解を得るよう努めているか.

□②被災地以外での代替生産を検討しているか．

□③部品・材料の供給元の代替性を確保しているか．

□④サプライチェーン発注元・発注先の協力をあらかじめ取りつけているか．

□⑤ OEMの実施・同業他社との応援協定を利用しているか．

□⑥適正在庫の考え方を見直しているか．

2.2.6.1 生命の安全確保と安否確認

＊□①お客様および役員・従業員，協力会社，派遣会社社員などの命を助けるために，救急救命ができる要員を検討しているか．

＊□②災害発生直後，役員および従業員の安否確認を速やかに行うことができるか．

2.2.6.2 事務所・事業所および設備の災害被害軽減

＊□①事務所・事業所や設備の耐震化に努めているか．

＊□②製造機器，付帯設備，什器備品の転倒防止に努めているか．

□③風水害の危険地域に事務所・事業所がある場合には，製造機器，付帯設備，什器備品などに対策を講じているか．

2.2.6.3 二次災害の防止

＊□①火災・延焼防止，薬液などの噴出・漏洩防止などの安全対策を実施しているか．

＊□②危険が周辺に及ぶ可能性のある場合，周辺住民への危険周知や避難の要請，行政当局への連絡・連携を事業継続計画の中に盛り込んでいるか．

＊□③安全対策を実施する要員をあらかじめ確保するとともに，招集訓練を実施しているか．

2.2.6.4　地域との協調・地域貢献

＊□①事業継続計画の策定・実施にあたり，交通渋滞の発生や物資の買占めなど地域の復旧を妨げることのないよう留意しているか.

＊□②災害直後の期間内は，応急対応要員以外の従業員に出勤を求めず，自宅周辺の人命救助，火災防止，弱者支援など地域の安全確保に貢献する機会をつくることを検討しているか.

□③地元地域の早期復旧や災害救援業務に貢献するため，市民，行政，取引先企業などとの連携を検討しているか.

2.2.6.5　共助，相互扶助

□①企業の隣組，サプライチェーン，同業他社などとの共助の仕組みを作っているか.

2.2.6.6　その他の考慮項目

□①就業時間内の被災を想定し，従業員が自宅に戻るまでに必要な水・カンパン，トイレなどを準備しているか.

＊□②業務復旧に従事するコアメンバー用に，業務・生活のための備蓄を確保しているか.

＊□③従業員を救出するための機材(バールなど)をある程度備えているか.

□④従業員の家庭における被害の軽減に取り組んでいるか.

2.3.1　事業継続計画の対応の実施

＊□①事業継続計画の運用のための予算を確保しているか.

＊□②年次計画の中で事業継続計画に従った対応を実施しているか.

2.3.2.1　計画書およびマニュアルの作成

＊□①事業継続に係る部門別や役割別の計画書を作成しているか.（重要業務を目標復旧時間内にいかに実現するかという方法論を含むもの）

＊□②事業継続を実現するための手順を記したマニュアルを作成しているか.

2.3.2.2　チェックリストの作成

□①事業継続に最低限必要な実施項目を網羅したチェックリストを準備しているか.

2.3.3　財務手当て

□①事務所･事業所が被災した場合に備えて，保険や銀行の災害時融資予約および自治体の災害時ローンなどを検討しているか.

2.3.4　計画が本当に機能するかの確認

＊□①重要業務が目標復旧時間内に復旧できるかどうか実際に確認しているか.

＊□②復旧に必要な資機材が定めた時間内に調達できるかどうかを確認しているか.

＊□③手作業で業務処理を行う場合，業務処理量が現実的かどうかを模擬訓練（シミュレーション）も含めて確認しているか.

2.3.5　災害時の経営判断の重要性

□①経営者（災害対策本部長）および事務局部門は，予測を越えた事態が発生した場合には，策定していた計画に固執せず，その計画をたたき台に臨機応変に判断していくことの重要性を認識しているか.

2.4 教育・訓練の実施

＊□①事業継続が実践できるよう，教育・訓練を継続的に行っているか.

＊□②マニュアルの内容を熟知した要員を育成しているか.

2.5 点検および是正措置

＊□①業務を振り返る機会に併せて，定期的に(年１回以上)事業継続の取組状況を評価しているか.

＊□②実施できていないところを把握し，日常業務の中で取り組めるところはその都度改善しているか.

＊□③事業継続の取組状況の評価結果や改善内容が経営者に報告されているか.

2.6 経営層による見直し

＊□①経営者は定期的な点検結果を踏まえて改善点を洗い出し，事業継続の取組み全体を見直し，次年度以降の方向性を打ち出しているか.

＊□②事業の大幅な変更・再構築，事業拡大，新製品の導入，事業所の移転など重要業務に変更などが生じた場合，その都度事業継続の取組み全体を見直しているか.

5.3 「事業継続計画(BCP)の文書構成モデル例」の紹介

■モデル例作成の趣旨

「事業継続計画(BCP)の文書構成モデル例 第一版」(以下，文章構成モデル例)は，各企業が事業継続計画の策定を進めた場合，どのような文書群ができ上がるかをモデル的に示し，成果イメージをわかりやすく伝えることを目的にした資料である．事業継続計画には社外秘の内容も含まれるため，他社のものを参考に見る機会は得にくいと考えられるので，策定に外部の専門コンサルタントなどを使わず，経験の少ない自社人材が当たる場合などを想定して用意されている．

この文書構成モデル例を見ることで，各企業が取り組んできた防災対策ですでに用意済みの文書が相当活用できることもわかる．

この文書構成モデル例では，製造業の中堅企業をモデルとし，最終組立メーカー1社への部品供給が主力事業であると仮定している．したがって，この企業が継続すべき重要業務は何か，どの程度の期間で供給再開しないと取引に影響が出るかなどの点は，企業として把握しやすい事例である．

一方，小売業と比較した表も資料中に用意されている．顧客が消費者である小売業では，

- 来店客の安全確保が最優先となること
- どの程度の期間で供給再開をしないと市場を失うのか，消費者の行動を自ら予測する事前検討が相当必要なこと
- 複数の主力供給品があるのが通常で，それぞれについて見極める必要があること

などの状況の違いがある．ただし，検討した結果，文書の名称や言葉遣いが多少異なる部分はあるが，必要な文書の種類としてはほとんど差は

ないと考えられる.

また,「事業継続の検討の流れ」を掲載しているが,これは,自社の事業継続計画の概要を外部にわかりやすく説明するための資料の一例である.これを取引先に示すことにより,事業継続に必要な対応をどのように論理的に導き出してきたのか,思考のプロセスを追って説明しやすくなる.

事業継続計画(BCP)の文書構成モデル例 第一版

説　明

- 本モデル例は,「事業継続ガイドライン」の理解を助ける補足資料であり,各項目の詳細については,同ガイドラインの理解を前提としている.
- 事業継続計画(BCP)はその企業の事業活動の縮図であるため,個々の企業によって内容や構成に個性が現れる.本モデル例はあくまでも一つの例であり,例示した文書がすべての企業にとって必要ということではない.[1)]
- 本モデル例は,理解を容易にするため,国内2ヶ所に拠点を持ち,サプライチェーンの発注者(最終組立メーカー)1社への部品供給を主力事業としている製造業を想定し[2)],このモデル企業が事業継続計画(BCP)を策定した場合の文書の一覧を例示している.[3)]また,小売業を例にとり,製造業パターンの文書構成との比較表をまとめている.
- なお,緊急連絡網や防災マニュアルなどは既に策定済みの企業も多いと考えられる.これら既存の文書を積極的に活用することで,立ち上げ時の負担を軽くして,まずは事業継続計画(BCP)への取組みをスタートさせることが最も重要である.

---

1)　文書構成についても同様に,一つの例であって汎用的なものではない.例えば,網羅されている内容が同じならば,一つの文書にまとめるか,または別々に分割するかは,個々の企業の判断である.致命的な事業中断を回避しつつ,目標時間内に事業を復旧させることができれば,個々の文書の有無を問わず,事業継続計画(BCP)としての要件は満たしている.

2)　事業規模としては一般的に中堅企業と呼ばれる程度を想定している.詳細はモデル企業プロフィールを参照.

3)　大企業は,同業種の中堅・中小企業に比べて,拠点が多い,分野の異なる重要業務(主力事業)が複数存在する,業務フローが複雑である,といった特徴があり,BCP策定においてもその点を考慮する必要があるものの,大企業と中堅・中小企業で求められる文書の種類が異なるわけではない.

目　次

1. モデル企業プロフィール …… 135
2. 事業継続計画(BCP)起案の流れ …… 137
3. 文書構成例 …… 142
3.1. 文書体系 …… 142
3.2. 事業継続計画書 …… 143
3.2.1. 基本方針 …… 143
3.2.2. 想定リスク …… 143
3.2.3. 影響度評価 …… 144
3.2.4. 被害想定 …… 144
3.2.5. 重要な要素 …… 146
3.2.6. 組織体制と指揮命令系統 …… 146
3.2.7. 重要拠点の確保 …… 147
3.2.8. 対外的な情報発信および情報共有 …… 147
3.2.9. バックアップ …… 147
3.2.10. 製品・サービス供給 …… 147
3.2.11. 生命の安全確保と安否確認 …… 148
3.2.12. 事務所・事業所および設備の災害被害軽減 …… 149
3.2.13. 二次災害の防止 …… 149
3.2.14. 地域との協調・地域貢献 …… 149
3.2.15. 共助，相互扶助 …… 150
3.2.16. 備蓄，救命機材，家庭における防災 …… 150
3.2.17. 財務手当て …… 150
3.2.18. 教育・訓練 …… 151
3.2.19. 点検および是正措置 …… 151
3.2.20. 経営層による見直し …… 151
3.3. マニュアル類 …… 151

3.3.1. 事前対策マニュアル類 …… 152
3.3.2. 緊急時対策マニュアル類 …… 153
3.3.3. 継続・復旧対策マニュアル類 …… 153
3.3.4. その他の文書 …… 154
3.4. 参照情報 …… 156
3.4.1. 内部参照情報 …… 156
3.4.2. 外部参照情報 …… 159
4. 小売業パターン(製造業パターンとの比較) …… 160

1. モデル企業プロフィール

A 機械工業株式会社[4)]

- 業種分類：機械部品
- 従業員：300 人
- 売上：100 億円
- 製品：金属製精密パイプ

  ※各完成品メーカーへの部品供給が中心
  - プリンター(部品供給元として市場シェア 80% 以上)
  - センサー　• 医療機器　• 半導体関連

  ※主力製品である B 社製プリンター部品は本社工場にて生産し，B 社各工場(国内 3 拠点)へ直接納品
- 拠点：国内 2 拠点
  - 本社オフィス・工場(例：静岡)
  - 第二工場(例：福岡)
  - 各工場の近隣地域に協力会社あり
- 情報システム：
  - 受発注を一元管理するシステム
  - サーバーは本社オフィスに設置されている．本社および第二工場の各担当部署には端末(クライアント PC)が配

4) 「A 機械工業株式会社」は実在しない仮想企業であり，モデリングのために企業の特徴付けを行っている．

同じ業種でも個々の企業によって特徴や環境はさまざまで，「A 機械工業株式会社」の場合，目標復旧時間の設定は納入先の意向もふまえて行っている．一方，エンドユーザーを対象としている企業では目標復旧時間を市場を見極め自ら設定することになる．

また，調達先についても理解を容易にするために簡素化しているが，実際は多様な調達先を考慮していくこととなる．

備されている.

• 特色：熟練技術者の手によって支えられている同社の鍛造技術は，高硬度・高精度の金属製精密パイプ市場において高い競争力を持っている.

A機械工業株式会社と取引先（納品先：B社，調達先：C社）との関係イメージ図

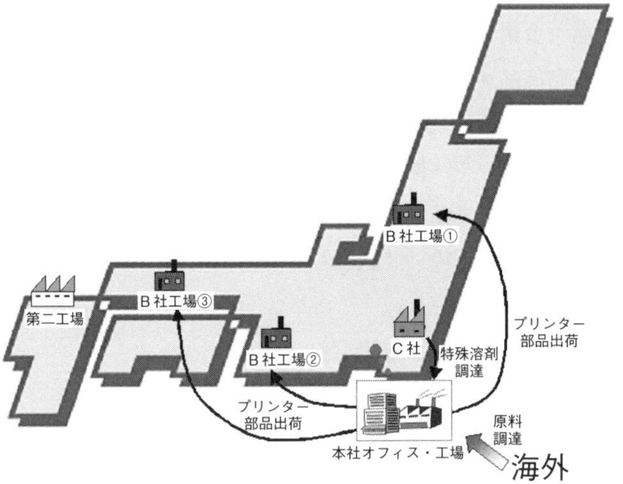

2. 事業継続計画(BCP)起案の流れ

説　明

- 以下で紹介する「事業継続計画(BCP)起案の流れ」は事業継続計画(BCP)を策定する際の要点を整理し，文書作成作業の手助けとなるよう具体例を示したものである．
- 本モデル企業「A機械工業株式会社」は，B社製プリンター部品の生産および供給を最重要業務と位置づけている．本社工場に設置されているB社製プリンター部品の生産ラインが被害を受けた場合は，他製品の生産に必要なリソース(生産設備，原料，要員，他)を必要に応じて振り替え，B社製プリンター部品の生産および供給の継続を最優先する．その際に予想される他製品の生産能力および供給能力の減少も含めて，経営陣は以上の方針を承認しているものとする．
- 上記のような前提条件の下で，もっとも厳しいシナリオの一つとして本社工場の操業停止による生産ライン移転を例示する．各項目の内容は，あくまでも例であり，その妥当性を保証するものではない．(例：在庫日数の設定など)

●基本方針

最重要顧客向けの生産ラインが被害を受けた場合は，他製品の生産に必要なリソース(生産設備，原料，要員，他)を必要に応じて振り替え，他製品の生産を減少させても，該当製品の生産および供給の継続を最優先する．

●想定リスク

本社オフィス，本社工場を含む地域における地震(震度6強

以上）

●影響度評価

・重要業務

B社製プリンター部品の生産・供給

※主力製品であるプリンター部品の供給先の中で最も出荷量の多い大口顧客のため

・目標復旧時間

7日以内

※B社の意向もふまえて，自社で検討した上で設定

●被害想定

本社工場の生産ラインが壊滅的な被害を受けて操業停止

●重要な要素

・サプライチェーン

協力会社C社が操業停止になった場合，対象製品専用の特殊溶剤が調達できなくなり，生産がストップする．（保有在庫：3日分）

・生産設備・金型・建屋

金型にバックアップがなく，再調達に6ヶ月必要である．本社工場の耐震度が不十分（震度5弱に耐えられる程度）である．

・要員（マンパワー・技術）

第二工場に常勤技術指導員がいないため，当該拠点で生産設備の立ち上げが必要となった場合に対応できない．

・倉庫・物流網

物流網が麻痺した場合，取引先への出荷がストップする．

・原料調達

原料はすべて海外からの海上輸送の為，港湾が閉鎖されると

荷揚げできず，生産がストップする．

重要な要素の検討で課題が明らかになった項目に対して，事業継続のための準備(事前対策)を設定する．そして，事前対策を実施した状態での災害発生時の対策を設定する．
(※後述の文書構成例においても，事前対策については実施が完了しているものとして例示している．)

●指揮命令系統

第二工場との連絡には2種類以上の通信手段を準備している．災害発生時は本社オフィスにて対策本部を立ち上げ，事業継続計画(BCP)を発動する．

●重要拠点の確保

バックアップオフィス立ち上げに必要なスペース，備品，データ，書類等を第二工場に準備している．災害発生時，本社(オフィス，工場共)が使用できない場合は，第二工場においてバックアップオフィスを立ち上げる．

●情報発信

取引先や株主への連絡，その他メディアを含めた対外的な情報発信はすべて対策本部を通して行う．

●バックアップ

全てのバイタルレコード[5]は本社オフィスと第二工場において二重化している．災害発生時はバックアップシステムに切

5) バイタルレコード…企業の存続に関わる重要な文書や代替情報が他に求められない文書(紙媒体の文書に限らず，電子データも含めた情報資産)

り換える.

●製品・サービス供給

災害発生後から7日以内にB社製プリンター部品の生産ラインを第二工場において立ち上げ，代替生産を開始する.[6] 並行して本社工場の復旧を行い，半年後を目処に生産ラインを代替生産から元の本社工場へ戻す.

- サプライチェーンの二重化

  特殊溶剤の二社購買体制を整備している．災害発生時は，それぞれの調達先の状況把握を行い，購買計画を立て直す.

- 拠点・設備の二重化

  B社製プリンター部品に関わる最も重要な金型を新たに発注し，第二工場に保管している.[7] 災害発生時はそれらの金型を代替生産ラインで使用する.

- 要員の二重化

  マイスター制度[8]を導入し，第二工場においても技術指導可能な要員を育成する．災害発生時にはそれぞれの要員の技能・技術内容に従って要員配置を行う.

- 製品在庫の積増し

  供給の継続を目的とした製品在庫の積増しは行わな

---

6) 本例では物流に要する時間について詳しく述べていないが，目標復旧時間7日以内とは，地震発生当日を1日目として，7日目までに納品できることを意味し，生産拠点の移転に伴う配送時間の増加も加味した上で設定されている.

7) この例では金型のバックアップを検討しているが，それが困難な場合は代替策として金型を守る方法(例：保管場所の変更，保管方法の改良，保管庫の耐震化など)を検討する必要がある.

8) マイスター制度…従業員が保有する技能・技術の登録制度．本人の技術向上と後進の育成を通じて，社内の技術蓄積およびその継承を促進させる働きがある.

い.[9)]

• OEM

B社向けを除いたプリンター部品については被害状況に応じて検討する．それ以外の製品については実施しない．

• 海外調達原料の荷揚先変更

海外調達原料の荷揚は(第二工場に最も近い)○○港へ変更できるよう手配している．災害発生時は，代替生産ラインの立ち上げ時に荷揚先を変更する．

9) この例では製品在庫の積増しは行わないとしているが，もし供給計画に組み入れる場合は，製品在庫が被災した場合や，出荷経路(物流網)が絶たれた場合の対策も検討する必要がある．また，製品在庫の出荷においては，被災地における交通規制(緊急車両優先など)を十分に考慮し，地域に迷惑をかけない配慮が最優先されるべきである．

3. 文書構成例

—中堅規模の製造業パターン—

3.1. 文書体系

事業継続計画書

1. 基本方針
2. 想定リスク
3. 影響度評価
4. 被害想定
5. 重要な要素
6. 組織体制と指揮命令系統
7. 重要拠点の確保
8. 対外的な情報発信および情報共有
9. バックアップ
10. 製品・サービス供給
11. 生命の安全確保と安否確認
12. 事務所・事業所および設備の災害被害軽減
13. 二次災害の防止
14. 地域との協調・地域貢献
15. 共助，相互扶助
16. 備蓄，救命機材，家庭における防災
17. 財務手当て
18. 教育・訓練
19. 点検および是正措置
20. 経営層による見直し

マニュアル類

参照情報

3.2. 事業継続計画書

●主旨

事業継続に関する以下の項目についてまとめたもの.

(1) 基本要件

(2) 重要業務を目標復旧時間内に必ず回復し，事業を継続させるための具体的な対策

(3) 事業継続とともに対応すべき重要事項である，①生命の安全確保，②二次災害の防止，③地域貢献・地域との共生，についての対策

(4) 教育・訓練，点検・見直し，継続的な改善といった事業継続計画(BCP)を運用していくために必要な対策

●構成と各項目の記入例

3.2.1. 基本方針

記入項目①：事業継続に対する基本方針

(例) 最重要顧客向けの生産ラインが被害を受けた場合は，他製品の生産に必要なリソース(生産設備，原料，要員，他)を必要に応じて振り替え，他製品の生産を減少させても，該当製品の生産および供給の継続を最優先する.

※詳細はガイドライン「2.1 方針」を参照.

3.2.2. 想定リスク

記入項目①：想定するリスク(地震を想定する場合は震度)

（例） 本社オフィス，本社工場を含む地域における地震(震度6強以上)

※詳細はガイドライン「2.2.1 検討対象とする災害の特定」を参照.

3.2.3. 影響度評価

記入項目①：重要業務

（例） B社製プリンター部品の生産・供給

記入項目②：目標復旧時間

（例） 7日以内

※詳細はガイドライン「ガイドライン：2.2.2 影響度の評価」を参照.

3.2.4. 被害想定

記入項目①：社屋や設備・什器備品の破損状況

（例） 本社工場の生産ラインが全壊

記入項目②：機器類の修復・調整にかかる期間

（例） 5日間(代替ライン組み立てに必要な機器類のみ)

記入項目③：従業員の出勤率

（例） 当日は緊急対応要員のみ，2日目30%，7日目までに90%(本社工場)

記入項目④：ライフライン等の停止期間

（例） 電気…当日は終日停止，2日目までに回復(仮復旧も含む)
通信…当日は終日停止，2日目までに回復(仮復旧も含む)
水道…当日は終日停止，3日目までに回復(仮復旧も含む)
ガス…当日は終日停止，7日目までに回復(仮復旧も含む)
関係幹線道路…当初3日間は緊急車両優先の規制の可能性あり(その他，橋梁の損傷，渋滞の可能性など)

※詳細はガイドライン「2.2.3 重要業務が受ける被害の想定」を参照.

【補足】ライフラインの停止期間

ライフライン等の停止期間は外的要因の中でも最も影響が大きく，かつ予測が難しい要素である．これらを供給・管轄する事業者は，一定の被害想定のもとでの復旧見込みを示している場合もある．しかし，例えば地震にしても，震源地の位置，震度分布，天候，発生時刻等にも影響され，細かな地域ごとの予想停止期間を公表することは，実際には困難なのが実情である．

一方，事業継続という観点でみれば，このような不確定な外的要因の存在も織り込んだ形での被害想定が行われるべきであり，供給・管轄事業者に対して照会する等によりできるだけの情報を得たうえで，最終的には企業の自己責任において想定を決定することが必要になる．

具体的には，上記の例では，電気の停止期間を２日間と設定しているが，企業によっては，１週間停止した場合や1ヶ月停止した場合の想定も検討する必要があろう．その際，想定する停止期間の幅(範囲)については，電気事業者に照会して得られた情報のほか，過去の事例(例：阪神・淡路大震災や新潟県中越地震での復旧状況)も把握するなどにより，自らの判断で設定する．また，常にこれらの最新情報を収集し，点検・見直し作業において策定した被害想定を改善していくことも忘れてはならない．

なお，一般に事業継続の検討においては，ライフラインの停止期間以上に，自社の建物や設備の被害想定の方が大きな影響を及ぼすことにも留意すべきである．

3.2.5. 重要な要素

記入項目①：サプライチェーン

（例） 協力会社C社が操業停止になった場合，対象製品専用の特殊溶剤が調達できなくなり，生産がストップする．（保有在庫：3日分）

記入項目②：要員(マンパワー・技術)

（例） 第二工場に常勤技術指導員がいないため，生産設備立ち上げが必要となった場合に対応できない．

記入項目③：倉庫・物流網

（例） 物流網が麻痺した場合，取引先への出荷がストップする．

記入項目④：原料調達

（例） 原料はすべて海外からの海上輸送の為，港湾が閉鎖されると荷揚げできず，生産がストップする．

記入項目⑤：生産設備・金型・建屋

（例） 金型にバックアップがなく，再調達に6ヶ月必要である．本社工場の耐震度が不十分(震度5弱に耐えられる程度)である．

※詳細はガイドライン「2.2.4 重要な要素の抽出」を参照．

3.2.6. 組織体制と指揮命令系統

記入項目①：災害対策本部の組織体制

（例） (略：災害対策本部組織図)

記入項目②：指揮命令系統

（例） 第二工場との連絡には2種類以上の通信手段を準備している．災害発生時は本社オフィスにて対策本部を立ち上げ，事業継続計画(BCP)を発動する．

※詳細はガイドライン「2.2.5.1 指揮命令系統の明確化」を参照．

3.2.7. 重要拠点の確保

記入項目①：重要拠点の確保

（例） バックアップオフィス立ち上げに必要なスペース，備品，データ，書類等を第二工場に準備している．災害発生時，本社(オフィス，工場共)が使用できない場合は，第二工場においてバックアップオフィスを立ち上げる．

※詳細はガイドライン「2.2.5.2 本社等重要拠点の機能の確保」を参照．

3.2.8. 対外的な情報発信および情報共有

記入項目①：情報発信

（例） 取引先や株主への連絡，その他メディアを含めた対外的な情報発信はすべて対策本部を通して行う．

※詳細はガイドライン「2.2.5.3 対外的な情報発信および情報共有」を参照．

3.2.9. バックアップ

記入項目①：バックアップ

（例） 全てのバイタルレコードは本社オフィスと第二工場において二重化している．災害発生時はバックアップシステムに切り換える．

※詳細はガイドライン「2.2.5.4 情報システムのバックアップ」を参照．

3.2.10. 製品・サービス供給

記入項目①：製品・サービス供給

（例） 災害発生後から7日以内にB社製プリンター部品の生産ラ

インを第二工場において立ち上げ，代替生産を開始する．並行して本社工場の復旧を行い，半年後を目処に生産ラインを代替生産から元の本社工場へ戻す．

記入項目②：サプライチェーンの二重化

（例） 特殊溶剤の二社購買体制を整備している．災害発生時は，それぞれの調達先の状況把握を行い，購買計画を立て直す．

記入項目③：拠点・設備の二重化

（例） B社製プリンター部品に関わる最も重要な金型を新たに発注し，第二工場に保管している．災害発生時はそれらの金型を代替生産ラインで使用する．

記入項目④：要員の二重化

（例） マイスター制度を導入し，第二工場においても技術指導可能な要員を育成する．災害発生時にはそれぞれの要員の技能・技術内容に従って要員配置を行う．

記入項目⑤：製品在庫の積増し

（例） 供給の継続を目的とした製品在庫の積増しは行わない．

記入項目⑥：OEM

（例） B社向けを除いたプリンター部品については被害状況に応じて検討する．それ以外の製品については実施しない．

記入項目⑦：海外調達原料の荷揚先変更

（例） 海外調達原料の荷揚は(第二工場に最も近い)○○港へ変更できるよう手配している．災害発生時は，代替生産ラインの立ち上げ時に荷揚先を変更する．

※詳細はガイドライン「2.2.5.5 製品・サービスの供給関係」を参照．

3.2.11. 生命の安全確保と安否確認

記入項目①：救急救命要員

（例） 各拠点に３人ずつ，救急救命訓練を受けた要員を配備する．

記入項目②：安否確認

（例） 安否確認システムを導入する．

※詳細はガイドライン「2.2.6.1 生命の安全確保と安否確認」を参照．

3.2.12. 事務所・事業所および設備の災害被害軽減

記入項目①：耐震化

（例） 耐震診断と，必要に応じた耐震補強を実施する．

記入項目②：転倒防止

（例） 工場内の生産設備・機器類は原則固定する．

※詳細はガイドライン「2.2.6.2 事務所・事業所および設備の災害被害軽減」を参照．

3.2.13. 二次災害の防止

記入項目①：薬液の漏洩防止

（例） 薬液タンクには漏油堤を設置する．

記入項目②：周辺住民への連絡手段

（例） サイレンと広報車によって通知する．

※詳細はガイドライン「2.2.6.3 二次災害の防止」を参照．

3.2.14. 地域との協調・地域貢献

記入項目１：地域住民の安全確保

（例） 災害発生後３日間は，周辺住民の人命救助を優先する．

※詳細はガイドライン「2.2.6.4 地域との協調・地域貢献」を参照．

3.2.15. 共助，相互扶助

記入項目①：防災隣組

（例） 近隣企業で構成する地域協力会(防災隣組)の活動に参加し，帰宅困難者対策を連携して実施する．

記入項目②：要員派遣

（例） 協力会社が被災した場合は，速やかに要員を現地に派遣し，被害状況の把握，生産能力および製品在庫量を逐次報告させると共に，必要に応じて復旧作業を支援させる．

※詳細はガイドライン「2.2.6.5 共助，相互扶助」を参照．

3.2.16. 備蓄，救命機材，家庭における防災

記入項目①：備蓄

（例） 全従業員3日分の水と食料を各事業所に分散して備蓄する．

記入項目②：救命機材

（例） 各事業所には，バール，のこぎり，スコップ，ハンマー，ロープ，はしご，を常備し，全従業員分の軍手と防塵マスクを用意している．

記入項目③：家庭における防災

（例） 全従業員に防災ハンドブックを配布する．

※詳細はガイドライン「2.2.6.6 その他の考慮項目」を参照．

3.2.17. 財務手当て

記入項目①：財務手当て

（例） 災害時融資予約を締結する．地震保険を検討する．

※詳細はガイドライン「2.3.3 財務手当て」を参照．

3.2.18. 教育・訓練

記入項目①：避難訓練

（例） 年2回，全従業員を対象に避難訓練を行う．

記入項目②：机上訓練

（例） 年1回，階層別に事業継続についての机上訓練を行う．

※詳細はガイドライン「2.4 教育・訓練の実施」を参照．

3.2.19. 点検および是正措置

記入項目①：職場点検

（例） 年2回，あらかじめ定められたチェックリストに従い，各職場単位で自己点検を行う．

記入項目②：是正措置

（例） 訓練，教育，職場点検の評価結果と改善事項を社長に報告する．

※詳細はガイドライン「2.5 点検および是正措置」を参照．

3.2.20. 経営層による見直し

記入項目①：マネジメントレビューの開催

（例） 毎年9月に実施する定例会議にて，事業継続計画全体にわたる見直しを実施する．

※詳細はガイドライン「2.6 経営層による見直し」を参照．

3.3. マニュアル類

●主旨

事業継続計画書で定められた事業継続の具体的な実施手順を部門別，階層別，業務別にまとめたもの，および事業継続計画書の付属文書となるもの．（※本モデル例はあくまでも一つの例であり，例示した文書がすべての企業にとって必要ということではない．また，それぞれについて新たな文書の作成を意味するのではなく，既存文書を活用することでよい．）

●構成

1. 事前対策マニュアル類

平時の取り組みに関する手順をまとめたマニュアル類．既存の防災マニュアルの中で，事前対策や減災についてとりまとめたマニュアル類（例：防火，備蓄，耐震化など）についてもこれに当てはまる．

2. 緊急時対策マニュアル類

災害発生直後の緊急時における対応手順をまとめたマニュアル類．既存の防災マニュアルの中で，緊急時の対応手順についてとりまとめたマニュアル類（例：非常用電源，代替通信切替，消火，避難，物資配給，二次災害防止など）についてもこれに当てはまる．

3. 継続・復旧対策マニュアル類

事業継続と復旧に関する手順をまとめたマニュアル類

4. その他の文書

その他，事業継続計画書に付属する文書類

●文書例

3.3.1. 事前対策マニュアル類

3.3.1.1. 情報システムバックアップマニュアル

情報システムのバックアップに関する運用マニュアル

3.3.1.2. バイタルレコードバックアップマニュアル

バイタルレコード（設計書や契約書など，電子データを含む各種媒体の情報資産）のバックアップについての運用マニュアル

3.3.1.3. 教育・訓練マニュアル

災害対策本部設営訓練，バックアップシステム稼動訓練などの実施手順を取りまとめたマニュアル

(役員および災害対策本部の机上訓練，代替生産実施のための机上訓練，その他抜き打ち訓練など，事業継続や防災全般の様々な教育・訓練については訓練の度創意工夫をして実施していくため，必ずしもマニュアルの形にならない場合が多い.)

3.3.2. 緊急時対策マニュアル類

3.3.2.1. 緊急時対応マニュアル

災害発生時の初期対応，事業継続計画の発動など，緊急時の対応手順を取りまとめたマニュアル

3.3.2.2. 危機広報マニュアル

災害発生時のメディア，自治体，取引先，地域住民，従業員，他の必要な相手への情報発信についてのマニュアル

3.3.2.3. 危機保安マニュアル

災害発生時の防犯・保安についてのマニュアル

3.3.2.4. 帰宅困難者対策マニュアル

災害発生時の交通インフラ麻痺などによって帰宅が困難になった従業員に対する対応マニュアル

3.3.3. 継続・復旧対策マニュアル類

3.3.3.1. 生産ライン復旧・移転マニュアル

生産ラインの復旧(移転した生産ラインを元に戻すまでを含む)，およ

びバイタルレコードの非常時の取扱い手順も含めた代替生産ラインの立ち上げについてのマニュアル

3.3.3.2. 調達先被災時の代替発注マニュアル

調達先(サプライチェーン)企業が被災し，原料・部品の調達ができなくなった場合の代替発注についてのマニュアル

3.3.3.3. 情報システム停止時の作業マニュアル

情報システムが停止した場合の手作業による業務継続(例：受発注管理，在庫管理，生産管理など)の作業マニュアル

3.3.3.4. 情報システムリカバリーマニュアル

情報システムのリカバリー(復旧)，およびバックアップシステムへの切り替えについてのマニュアル

3.3.3.5. バイタルレコードリカバリーマニュアル

バイタルレコード(例：設計書や契約書など，電子データを含む各種媒体の情報資産)のリカバリー(復旧)についてのマニュアル

3.3.4. その他の文書

3.3.4.1. 事業継続計画概要説明書

重要な取引先などに対して自社の事業継続計画(BCP)を説明するために使用する概要説明書(全体像が一見して把握できるよう，簡潔にまとめたもの)

3.3.4.2. 行動計画携帯マニュアル

行動計画をコンパクトにまとめて携帯できるようにしたもの

●事業継続計画書とのつながり

以下の表は，上記に例示したマニュアル類が事業継続計画書のどの項目と関連性があるのかをあらわしたものである．本表は既存のマニュアル類を有効利用しながら，事業継続計画書を策定，または理解の助けとなることを目的としている．

3.3.1. 事前対策マニュアル類	
3.3.1.1. 情報システムバックアップマニュアル	→ 9. バックアップ
3.3.1.2. バイタルレコードバックアップマニュアル	→ 9. バックアップ
3.3.1.3. 教育・訓練マニュアル	→18. 教育・訓練
3.3.2. 緊急時対策マニュアル類	
3.3.2.1. 緊急時対応マニュアル	→10. 製品・サービス供給
3.3.2.2. 危機広報マニュアル	→ 8. 対外的な情報発信および情報共有
3.3.2.3. 危機保安マニュアル	→11. 生命の安全確保と安否確認
3.3.2.4. 帰宅困難者対策マニュアル	→11. 生命の安全確保と安否確認
3.3.3. 継続・復旧対策マニュアル類	
3.3.3.1. 生産ライン復旧・移転マニュアル	→10. 製品・サービス供給
3.3.3.2. 調達先被災時の代替発注マニュアル	→10. 製品・サービス供給
3.3.3.3. 情報システム停止時の作業マニュアル	→10. 製品・サービス供給
3.3.3.4. 情報システムリカバリーマニュアル	→10. 製品・サービス供給
3.3.3.5. バイタルレコードリカバリーマニュアル	→10. 製品・サービス供給

事業継続計画(BCP)の文書構成モデル例

3.4. 参照情報

●主旨

事業継続計画(BCP)策定のために活用が可能な社内および社外の情報を例示する．既存の文書を最大限活用し，平時にそれらを一つにまとめておくことが災害発生時に慌てないための準備として重要である．(※本モデル例はあくまでも一つの例であり，例示した文書がすべての企業にとって必要ということではない．また，それぞれについて新たな文書の作成を意味するのではなく，既存文書の活用でよい．)

●構成

1. 内部参照情報

事業継続に必要となる社内の参照情報をまとめている．

2. 外部参照情報

もしあれば事業継続計画(BCP)策定において活用が可能な社外(例：自治体や業界団体など)からの情報を例示する．

●文書例

3.4.1. 内部参照情報

3.4.1.1. 全従業員緊急連絡網

全従業員および役員に対する緊急連絡網．対象として派遣，構内外注・委託先の要員も含む．安否確認作業についてのマニュアルも含む．固定電話(外線・内線)だけでなく，携帯電話，Eメール，衛星携帯電話など複数の連絡手段を準備している．ただし個人情報の管理には注意が必要．(※以下の連絡網については同様．)

3.4.1.2. コアメンバー緊急連絡網

役員および管理責任者に対する緊急連絡網．社外の関係者も含む．全従業員緊急連絡網が安否確認を目的とするのに対して，コアメンバー緊急連絡網は災害対策本部の立ち上げ時や運営時に使用する．重要度の高さに応じて多様な連絡手段と緻密な連絡手順を準備している．

3.4.1.3. 取引先連絡網

サプライチェーン間および物流業者との連絡網．外注委託先も含む．

3.4.1.4. 工場設備一覧

設備が損壊した場合の調達先情報やリードタイムなどを含めた，工場の設備についての情報を取りまとめたもの．

3.4.1.5. 商品生産標準工程表

生産工程についての情報を取りまとめたもの．生産ライン復旧・移転計画の判断材料として活用が可能．

3.4.1.6. 最新在庫・貯蔵品一覧

原料・部品在庫および製品在庫についての情報を取りまとめたもの．

3.4.1.7. 原材料・部品一覧

品目，型番，数量，調達先，リードタイムなどを含めた，原材料や部品についての情報を取りまとめたもの．

3.4.1.8. 危険物一覧

溶剤，酸・アルカリ，可燃ガス，劇薬，など二次災害につながる危険物についての情報(取扱管理情報も含む)を取りまとめたもの．

3.4.1.9. 工具・冶具・備品一覧

型番，数量，調達先，リードタイムなどを含めた，工具や冶具および備品についての情報を取りまとめたもの．

3.4.1.10. 人材(技能)一覧

従業員の担当業務，職能，資格について取りまとめたもの．個々の業務(または災害発生時の対応)における遂行可能な従業員(または必要な資格を持っている従業員)の一覧．災害発生時の動員計画策定などにおいての判断材料として活用が可能．

3.4.1.11. 建物設計図，配線・配管・ダクト・消火設備等のレイアウト図

工場，オフィス，倉庫など建物や設備の情報を取りまとめたもの．避難経路や防災，減災対策の検討，災害発生時の救助，消火活動の検討，被害状況の把握，設備移設や在庫退避などの計画策定時における判断材料として活用が可能．

3.4.1.12. 工具・設備調達・修理業者連絡先

工具，設備の調達先や修理業者など，災害発生時の事業継続や事業復旧の際に連絡が必要となる企業や組織の連絡先．

3.4.1.13. 警察・消防・病院・自治体・所轄官庁・商工会議所・業界団体連絡先

警察，消防，病院，自治体，所轄官庁，商工会議所，業界団体など，緊急時対策や復旧対策において連絡が必要となるその他の組織の連絡先．

3. 4. 2. 外部参照情報

3. 4. 2. 1. 地震その他の災害被害想定図

自治体などが公表している対象地域における地震その他の災害についての被害想定の図面等．地震等の災害発生時のインフラ被害把握，復旧予想のための情報として活用が可能.

3. 4. 2. 2. 震災時の交通規制情報

各都道府県警などが公表している震災時の交通規制情報．地震発生時のインフラ被害把握，復旧予想の材料として活用が可能.

【補足】文書の取扱い

事業継続計画(BCP)には企業にとって経営に直接関わる極めて機密性の高い内容も含まれており，その取扱いについては事前に十分検討し，厳格な運用が望まれる.

4. 小売業パターン(製造業パターンとの比較)

説 明

モデル企業では業種として製造業(機械部品)を想定しているが，小売業における事業継続計画(BCP)策定のヒントとして，以下に製造業との比較表を例示する．言葉遣いは多少異なっても，ほとんどの項目は製造業パターンと同様の文書で構成されている．しかし，まとまった数の来客がある(接客サービスがある)，目標復旧時間を自ら判断する部分が大きいなどといった小売業の特徴によって，文書の内容や各項目の重要度が異なってくる．

なお，前述のとおり，事業継続計画(BCP)の内容に関しては，業種の特徴に加えて個々の企業の個性が反映されることは，小売業においても同様である．

製造業パターンとの比較表

製　造　業	小　売　業
3.2. 事業継続計画書 3.2.1. 基本方針 3.2.2. 想定リスク 3.2.3. 影響度評価 3.2.4. 被害想定 3.2.5. 重要な要素 3.2.6. 組織体制と指揮命令系統 3.2.7. 重要拠点の確保 3.2.8. 対外的な情報発信および情報共有 3.2.9. バックアップ 3.2.10. 製品・サービス供給 3.2.11. 生命の安全確保と安否確認 3.2.12. 事務所・事業所および設備の災害被害軽減 3.2.13. 二次災害の防止 3.2.14. 地域との協調・地域貢献 3.2.15. 共助，相互扶助 3.2.16. 備蓄，救命機材，家庭における防災 3.2.17. 財務手当て 3.2.18. 教育・訓練 3.2.19. 点検および是正措置 3.2.20. 経営層による見直し	※小売業においても事業継続計画書に記載される項目は同じであるが，例えば以下のような点で計画の内容や考え方の違いがある． 例えば，「3.2.3. 影響度評価」において，目標復旧時間の設定などの考え方が異なる． また，「3.2.10. 製品・サービス供給」において，仮設店舗の立ち上げ，POS レジ停止時の対応，など製造業とは異なる検討項目が考えられる． また，接客サービスに関する要素も製造業とは重要度が異なる点である．(例えば，従業員数あたりの救急救命要員比率)
3.3. マニュアル類 3.3.1. 事前対策マニュアル類	
3.3.1.1. 情報システムバックアップマニュアル	同　左
3.3.1.2. バイタルレコードバックアップマニュアル	同　左

製造業	小売業
3.3.1.3. 教育・訓練マニュアル	同　左
3.3.2. 緊急時対策マニュアル類	
3.3.2.1. 緊急時対応マニュアル	同左（来客者数が一般的に多い小売業は来客者の安全確保，避難誘導，救急救命が特に重要）
3.3.2.2. 危機広報マニュアル	同　左
3.3.2.3. 危機保安マニュアル	同　左
3.3.2.4. 帰宅困難者対策マニュアル	同　左
3.3.3. 継続・復旧対策マニュアル類	
3.3.3.1. 生産ライン復旧・移転マニュアル	同左（駐車場を利用した仮設店舗計画など）
3.3.3.2. 調達先被災時の代替発注マニュアル	同　左
3.3.3.3. 情報システム停止時の作業マニュアル	同左（POSレジ停止時の対応は特に重要）
3.3.3.4. 情報システムリカバリーマニュアル	同　左
3.3.3.5. バイタルレコードリカバリーマニュアル	同　左
3.3.4. その他の文書	
3.3.4.1. 事業継続計画概要説明書	同　左
3.3.4.2. 行動計画携帯マニュアル	同　左
3.4. 参照情報	
3.4.1. 内部参照情報	
3.4.1.1. 全従業員緊急連絡網	同　左
3.4.1.2. コアメンバー緊急連絡網	同　左
3.4.1.3. 取引先連絡網	同　左

製造業	小売業
3.4.1.4. 工場設備一覧	同左(店舗設備一覧)
3.4.1.5. 商品生産標準工程表	不要
3.4.1.6. 最新在庫・貯蔵品一覧	同左
3.4.1.7. 原材料・部品一覧	同左(仕入・配送に関する情報は特に重要)
3.4.1.8. 危険物一覧	不要(調理設備などがある場合は要考慮)
3.4.1.9. 工具・治具・備品一覧	不要(調理設備などがある場合は要考慮)
3.4.1.10. 人材(技能)一覧	同左(救急救命技術は特に重要)
3.4.1.11. 建物設計図，配線・配管・ダクト・消火設備等のレイアウト図	同左
3.4.1.12. 工具・設備調達・修理業者連絡先	同左
3.4.1.13. 警察・消防・病院・自治体・所轄官庁・商工会議所・業界団体連絡先	同左
3.4.2. 外部参照情報	
3.4.2.1. 地震その他の災害被害想定図	同左
3.4.2.2. 震災時の交通規制情報	同左

【補足】小売業における事業継続計画(BCP)

近年，コンビニエンスストアやチェーン展開を行っているスーパーマーケットは，被災地域におけるある種のライフライン企業としての役割を要請されており，事業継続計画(BCP)にもその点が反映されていくと考えられる．

第6章

事業継続の取組みに関するQ&A

筆者らが「事業継続ガイドライン」の説明を行った際に受けた主な質問とその答えを中心に，読者の質問を想定してQ&Aを作成したものである．なお，これは筆者としての回答であり，政府の公式見解ではないことをお断りしておく．

■事業継続ガイドラインに関する質問

Q1　まずガイドラインのどの部分から読めばよいでしょうか．

A　最初の4ページで概要の把握ができます．ここは，ワーキンググループ委員からの提案により，忙しい企業のトップにも読んでもらえるように作成したエッセンスの部分です．次に，第1章の冒頭へ進んでいただいた後，先に巻末のチェックリストを見ていただくと，計画の全体像をいち早く理解することができるでしょう．

Q2　「事業継続ガイドライン」はどの程度の強制力があるものなのですか．

A　事業継続の検討および実施は，あくまで企業の自己責任で行うものと考えています．したがって，このガイドラインは，これから事業継続の検討を行う企業や，すでに構築している事業継続の仕組みを見直す企業が参考とするためのものであり，強制力はありません．なお，このガイドラインは，欧米の事業継続のガイドラインや規格とも整合性をとっているため，グローバル企業にとっても役に立つものであり，仮に，今後，国際標準規格(ISO規格)への位置づけが進むような場合にも有益です．

Q3　「事業継続ガイドライン」は第一版とされていますが，今後，見直される予定はあるのですか．

A　本書第2章で事業継続の歴史を述べましたが，時代とともに企業の災害対応の考え方は変わっていくものです．そこで，将来的には時代に合わせた内容に見直していく必要が生じると考えています．その意味で，各企業からのフィードバックを歓迎します．

また，事業継続については，現在，国際標準規格（ISO 規格）の検討がなされていますが，国際標準規格として制定された場合には，日本でもそれに合わせて JIS 規格が制定されます．事業継続ガイドラインも JIS 規格と整合性をとるための見直しが必要となるでしょう．

Q4 「事業継続ガイドライン」とリスクマネジメントの JIS 規格との関係はどう考えればよいのでしょうか．

A 「事業継続ガイドライン」と JIS 規格「リスクマネジメントシステム構築のための指針（JIS Q 2001）」との関係については，関係者の中でもいろいろな意見があります．簡単にいえば，リスクマネジメントの JIS 規格と本ガイドラインは多くの部分で重なり合っていますが，生命の安全，二次災害の防止などガイドラインのほうが具体的なところや，地域との協調・地域貢献などガイドライン独自の部分もあります．なお，現在，国際標準化機構（ISO）でリスクマネジメントに関する国際規格が論議されており，日本も積極的に提案しています．

Q5 「事業継続ガイドライン」や事業継続計画の策定について不明な点が出てきた場合，内閣府に相談すればよいのでしょうか．また県や市町村などに事業継続計画の相談窓口はあるのでしょうか．

A 「事業継続ガイドライン」についての問合せ先は，内閣府防災担当です．都道府県の防災担当部局も，企業の事業継続計画の策定を推進する役割を担っていますので，質問の取次ぎなどを受けてくれるはずです．

また，各地域の経済団体や商工会などで，事業継続の普及に熱心なところでは，講演会や勉強会などを実施する計画があります．今後も，そのような動きに行政としてもできるだけ協力する姿勢ですので，参加されることをお勧めします．

事業継続計画策定の前提となる都道府県，市町村の地震，水害，津波などの被害想定については，各自治体の防災担当窓口に問い合わせてください．

■事業継続計画の意義や実態についての質問

Q⑥ 当社は従業員が10名程度の小規模企業であり，ある特定の地場企業への製品(サービス)供給の取引に依存しています．それでも，自主的に事業継続計画(BCP)を構築するメリットや意義がありますか．

A 各企業ともサプライチェーンにつながっていれば，そのうちのどこか1つの企業でも事業継続ができなくなると，チェーンにつながるすべての企業に影響を与える可能性があります．このため，取引先が事業継続を真剣に考えると，貴社の事業継続に不安があれば，貴社の製品(サービス)と同等品の調達先を別に確保したいと考えるでしょう．このような要因で取引量を減らされる可能性を少なくするためにも，貴社の企業規模の大小に関係なくBCPを策定する意味があると考えられます．

なお，貴社がBCPを構築する場合，取引先の支援取付けや同業他社や近隣企業との相互協力も有効な手段となるでしょう．自社単独で取り組むのではなく，相互扶助も考慮に入れるのが有効と思われます．

Q⑦ 事業継続は「原因となる災害・リスクの種類を問わず備えなければならない」と「事業継続ガイドライン」にありますが，現実には，あらゆるリスクを想定することは不可能です．欧米の先進的な企業はどのように整理しているのでしょうか.

A 欧米の企業の事業継続に関する考え方が，必ずしも統一されているわけではありません.

被害想定については，地震や水害，SARS，伝染病による立ち入り禁止命令などの「原因となる事象」と，本社機能の停止，工場製造機能の停止，情報システムの停止などの「停止する機能」との二段階で検討して整理する考え方があります．事業継続では，この二段階目の「どのような機能が停止をするか」を前提にして対応策を全社的に検討します．このように，原因となる事象を切り離して検討することから，「あらゆるリスク(原因となる事象)に対して」検討すると整理されるのです.

日本企業に比べ，欧米の企業は自然災害に見舞われることが少なく，原因となる事象として何が起こるかわからない傾向が強いことから，停止する機能から考え始めるのがより合理的であると推察します.

しかしながら，欧米企業でも，災害対策全般の策定に際して，発生頻度が高く，企業に与える影響が大きい原因も併せて検討するのが一般的であり，洪水，竜巻，火災，地震，テロ，暴動，ストライキ，取引先の事故，広域停電，情報システムの事故など，いくつか想定するリスクを特定しています.

Q⑧ 米国企業のほうが事業継続計画(BCP)を整備していると思うのですが，実際の災害の前には万全でなかったように思えます．実情はどうなのでしょうか.

A 米国の大企業におけるBCPは，日本より相当整備が進んでいるとの調査結果があります．しかし，米国でも中小企業の取組みにはばらつきがあり，中小企業への普及の必要性が高いという点では，日本と同じ課題を抱えていると認識しています．一方，BCPの民間資格制度や訓練方式は，米国のほうが日本より進んでいるといえます．

Q⑨ 情報システムのバックアップを実施していますが，これだけでは事業継続計画(BCP)を実施したことにはならないのでしょうか．

A 事業継続には，①指揮命令系統の明確化，②本社など重要拠点の機能の確保，③対外的な情報発信および情報共有，④情報システムのバックアップ，⑤製品・サービスの供給関係，という5つの柱があると「事業継続ガイドライン」でも説明しています．情報システムは電子メールや電子掲示板など，いまや企業活動のインフラであり事業継続になくてはならないものですが，事業継続の5つの柱のうちの1つに過ぎません．その他の事業継続に不可欠な4つの柱を合わせて検討・実施する必要があります．

Q⑩ 事業継続計画はそもそも経営者の経営戦略であり，また対応策は企業の弱点を補うものですから公開すべきものではないと思うのですが，どう考えればよいでしょうか．

A 公開すべきか否かを論ずるより，各企業にとって一番有利だと思える方法をとればよいと考えます．事業継続ガイドラインに沿って計画を策定し，教育・訓練を実施していることなどは公開し，製品の供給能力や工場生産の代替性が判明してしまうような内容は非公開とするなど，各社が支障のない範囲内で情報開示を行えばよいのです．

ただし，将来，防災対策を十分講じている企業が市場や社会から評価されるようになれば，事業継続計画を策定している企業が優位に立つことになります．そこで，そのような市場環境をつくっていくため，事業継続計画を策定したら何らかの開示を行い，それにより市場や社会の事業継続計画への関心を高めていくことには意味があると考えます．もちろん，どこまで開示するかは，まさに経営者の判断次第です．

Q11 事業継続管理(BCM)，コンティンジェンシープラン(不測事態対応計画)，ディザスターリカバリープラン(災害復旧計画)など，事業継続計画(BCP)と類似の言葉がありますが，どのように整理できるのでしょうか．

A 事件・事故が発生した場合にどのように対応するかの考え方は，数十年の間に発展・整理されてきました．そのため，欧米でも早くから取り組んでいる企業や業種を中心に，コンティンジェンシープランやリカバリープランを策定してきた経緯があります(本書第2章参照)．それらには，BCPの根幹である「重要な事業をなんとしても継続するため，代替オフィスの確保をはじめ平時からあらゆる準備をする」という点でBCPより弱かったといえそうですが，現在は，BCPと同様の意味で用いられる場合もあるようです．

また，BCPは計画を示し，事業継続の取組み全体(すなわち，教育・訓練や見直しなどを含むもの)を指すには，「事業継続マネジメント(BCM)」がより適切な用語ということでの使い分けも行われています．

現在，国際標準化機構(ISO)で事業継続および緊急時マネジメントのあり方について規格の策定が検討されはじめています．その検討がまとまれば，世界共通の用語の定義が生まれると予想されます．それまでの間，他の企業などと情報交換をする場合には，各企業がどのような意味でその言葉を用いているのか，お互いによく確認してから対応策の検討をするようお勧めします．

■事業継続計画の策定の仕方に関する質問

Q12 事業継続計画(BCP)は業態ごとに異なると思われますが，業態別の見本はないのでしょうか．

A 「事業継続計画(BCP)の文書構成モデル例」は，製造業の中堅企業をモデルとしており，末尾には小売業との比較表も用意しました．製造業と小売業を比較すると，用語や作成過程は異なるものの，構成文書の種類および文書体系はほとんど差がないといえます．

業態ごとに異なると思われる部分は，目標復旧時間の設定のプロセスです．サプライチェーンの中に位置する企業は，関係企業との協議によりある程度目標復旧時間を定められますが，消費者と直に相対する企業は，自らの分析により見極める必要があります．また，来客者が多い業態であるか否かでも対策が異なってきます(例えば，来客者が多ければ，BCP の中で避難誘導対策のウエイトが高まります)．

今後，業界団体などによる業種別の取組みが期待されます．

Q13 事業継続計画(BCP)の雛形のようなものはありませんか．

A 中小企業向けのシンプルな記入様式がすでに米国で発表されています．日本でも中小企業庁がそれを参考に検討を行っています．ただし，米国の簡易な様式をわが国企業一般の BCP の雛形と考えるのには無理があります．また，中堅以上の企業の BCP には，ある程度の多様性が見込まれるため，安易に詳細な雛形をつくること自体にも疑問があります．

内閣府が「事業継続計画(BCP)の文書構成モデル例」を作成したのは，雛形に代わるものとして，各企業にイメージをもってもらうためです．ご一読いただければ BCP の文書構成に含まれる多くの文書は，すでに企業が何らかの形でもっている文書であることにお気づきになるでしょう．

Q14 取引先から事業継続計画(BCP)の策定を求められましたが，最低限何をすればよいのでしょうか．

A まず，取引先との契約や合意事項を確認し，目標復旧時間までに供給を再開することが求められている製品・サービスの種類とその数量を明確に認識してください．そして，その実現のために役立つ既存の対策や訓練を中心に，BCPの検討を始めてください．そのうえで，取引先の要求を満たすためにどうしても必要となる対応(経済合理的なもの)を加えることになります．なお，取引先が納得しなければ，そのBCPがあまり市場から評価されない内容であるともいえます．

Q15 大企業の場合，さまざまな事業を展開しているため，影響度分析や重要業務の絞込みが困難です．どのように検討を進めればよいでしょうか．

A 日本企業には，1つの企業体の中に複数の事業・業務が含まれていることが多いため，多くの企業が同様の悩みを抱えていると考えられます．

事業継続の大きな要件として，原材料の調達元や製品・サービスの供給先の代替性の確保があるわけですが，大企業の各事業・業務の実施組織単位の間で，相互にこれらの代替性がなければ，別々の企業と考えて事業継続の取組みを検討してもさほど大きな違いは生じません．例えば，カンパニー制や事業部制をとっている企業であれば，顧客や取引先に対する製品・サービスの供給の面では，その単位ごとに事業継続計画を策定し，対外的な情報発表などについては，企業全体で一本化した事業継続計画を策定することも現実的といえるでしょう．

Q16 想定するリスクはどの程度まで検討すればよいのでしょうか．最悪の事態を想定するといっても，どうすればよいかわからず，検討が進みません．

A 「原因となる災害・リスクの種類を問わず備える」といっても，例えば巨大な隕石が直撃したなどの，自社で対応できないほどの最悪の事態を想定すべきという意味ではありません.「対処可能な最悪の事態」を想定すればよいのです.

いきなり深刻な事態を検討して困惑するより，対処がやさしい事態から検討を開始して，順次，より深刻な事態を検討するほうが現実的です.「事業継続ガイドライン」では，マネジメントシステムをベースとした日本でも馴染みやすい継続的改善の考え方を取り入れており，一度に完璧に実施することを求めていません．完璧を目指して何もしないことより，1つでもまず手ごろな災害想定を行い，ひととおりPDCA(Plan-Do-Check-Act)を実施して，ノウハウや経験を積み上げることを推奨しています.

例えば，まず地震で本店か主力工場の1つが被災することを想定することから始め，被災する事業所数を増やすなど，順次検討を重ねていくことでよいでしょう．また，地震，水害，火災など，まず工場の生産に影響があるリスクを検討し，続いてサプライチェーン企業の被災による原料・部品の調達不能，SARSなど従業員の就業困難，情報システムの停止など分野の異なる代表的なリスクへと拡大することが一般的方法です.

Q17 企業が事業継続計画(BCP)を策定するには，ライフラインや道路などのインフラの復旧計画を知る必要がありますが，それらの事業主体はすでにBCPを策定していますか.

A 災害時における公的セクターおよびライフライン事業者の機能の維持と早期復旧の必要性は，政府も認識しています(2005年(平成17年)9月に発表された首都直下地震対策大綱にも明記されています)．また，今後，中央官庁や地方公共団体などにおいてもBCPの策定に取り組むことを考えています．一方，BCPと呼んでいるかどうかは別として，ライフライン事業者の災害対応計画はかなりの水準に達しています．

自社の被害想定に加えてその地域のインフラ（ライフラインや道路など）の復旧計画がないと，最終的にBCPを策定できないという意見は理解できます．ライフライン事業者は，できるだけ復旧計画に関する情報を公開するよう努めるべきです．しかし，災害の種類や程度は多様であり，残念ながら地域ごとの詳細な被害想定と復旧計画について答えられないのが現実です．例えば，地震でも発生場所，震度などが異なれば被害が異なります．特定の震源で特定の強さ（マグニチュード）でこの時間に発生した場合には，この地域はどれだけ被害を受けて，この期間内に復旧できるだろうといった見込みを公開するのが精一杯です．

各企業としては，ライフライン事業者などの復旧計画を可能な限り入手し，その情報を活用してライフラインの復旧時間を自分で想定していくしかありません．その意味でも，BCPは自らの責任で作成するものといえます．

Q18 広域災害時に目標復旧時間を達成しようとすると，被災時に従業員を出社させて復旧資源を確保することを強いる計画になると思います．人道的な立場からそれは好ましくないと思いますがどうすればよいでしょうか．

A 工場火災などと広域災害では，従業員の出社指示も変える必要があります．工場火災など自社のみの被災の場合は，すぐにでも従業員を出社させて復旧活動をすることが考えられます．しかし，地震や水害などの広域災害では，周辺地域も同時に被災してしまうため，従業員の出社については人道的対応が必要となります．

広域災害時には，ライフライン企業など復旧に最初に対応すべき業種は別として，人命救助の期待が高い最初の３日間は，自社の事業所の復旧より地域の人命救助を優先させるべきでしょう．また，人道的な対応に反する行動は，災害後に地域社会から痛烈に批判されるという重大なリスクも考えられます．なお，首都直下地震などにおいて被災をしている都心部に従業員を多数出社させると，交通渋滞，水・食料確保，トイレの問題などにより地域の復旧活動を妨げる可能性があります．

目標復旧時間は取引先のニーズに応えるという意味合いが強いため，取引先に広域災害で想定される状況を理解してもらい，広域災害時には目標復旧時間を遅く設定することに理解を得る努力をすることも必要です．企業が独自で行える努力としては，距離が離れている場所に，代替生産できる事業所を，自社か，あるいは同業他社と代替生産の協定を結んで，確保することが考えられます．

Q19 日本で事業継続計画（BCP）の先進的な企業はどこですか．

A 「貴社はBCPをもっていますか？」と日本企業に聞くと，ほとんどの場合，「BCPといえるものではありません」という答えが返ってきてしまいます．一般論としては，一部の外資系企業と金融機関などが進んでいるということになりますが，実際には，基礎的なBCPをもっている企業や，一部の事業所ではしっかりしたBCPをもっている企業は，日本でも少なくないと思います．また，多くの企業がBCPを策定中という民間のアンケート調査結果もあり，今後BCP策定企業が増加すると思われます．

Q20 事業継続を検討したいがそれを策定・指導できる人材がいません．どのようにすればよいでしょうか．

A 事業継続計画を策定するには，自社の重要業務の内容を熟知している人材がチーム内に必要です．業務内容を熟知している優秀な人材は必ずいるはずですから，その人を担当者としてチームに組み入れます(兼務でも構いません)．また，経営陣もチームに参画することを忘れてはいけません．

事業継続そのものの知識の習得には，書籍による情報収集のほか，同業他社との勉強会の実施，取引先との情報共有などが考えられます．さらに，コスト的に可能であれば，外部の優秀なコンサルタントを選び，指導や支援を依頼することも有効でしょう．

いずれにしろ，いったん得たノウハウを散逸させないように，社内の担当者を複数選任するなど，人的資源の投資と人事面での配慮が不可欠です．

Q21 商業施設の管理運営者としては，地震時，顧客を屋外に避難させるか，建物の中にとどまってもらうかの判断を迫られることになりますが，どうしたらよいでしょうか．

A 行政が実施する建物に立ち入っても安全かどうかの応急危険度判定は，都道府県の行う研修を受けた建築士などの有資格者が行政からの委託を受けて行います．しかし，実態上，発災後数日経過してからの判定となります．

そこで，災害発生後早期に判断するには，社内の建築士などの有資格者にその研修を受けてもらい，その上で顧客を避難させるか否かの判断基準をあらかじめ検討しておき，災害発生時には，その建築士などの判断をあおぐなどの方法が考えられます．

なお，応急危険度判定の研修については，地元都道府県に相談することをお勧めします．参考として，全国被災建築物応急危険度判定協議会(事務局：㈶日本建築防災協会)のホームページをご紹介します．

http://www.kenchiku-bosai.or.jp/Jimukyoku/Oukyu/Oukyu.htm

■地方公共団体や政府にかかわる質問

Q22 国の「防災基本計画」の改定で，地方公共団体も「地域防災計画」に企業の事業継続計画(BCP)の策定促進を位置づけることが必要になり，地域での関心も高くなりました．一方，企業は，政府から求められる「計画」というと，書類をそろえなければならない業務という先入観からこれ以上は無理という気持ちになりがちです．地方公共団体としてはどう対処すればよいでしょうか．

A 国は，民間企業のBCP策定については，各企業の自主判断であることを明確にしています．防災基本計画には違反に罰則や強制力があるわけではなく，地域防災計画も同様です．ただし，BCPを策定しない企業に対して，そのデメリットに気づいてもらうことは重要であり，国としても周知に努めていますので，地方公共団体でもしっかりと周知をしていただきたいと思います．特に，中堅·中小企業は，防災への取組みをコスト要因ととらえ，対応を先送りにする傾向があると思われますが，BCPの策定は企業に経営上のメリットをもたらし得ること，また，基礎的な取組みにはさほど多額の支出を必要としないことを企業に理解していただく必要があります．

Q23 企業が地方公共団体などと災害対応の協定を結んだ例を教えてください．

A 避難者への支援物資供給の協定，避難場所を貸す協定，建設会社などの復旧活動の協定などが主なものです．今後，さらに，支援物資の輸送の協定，支援物資管理の倉庫会社との協定，企業の専門家による支援の協定，被災者救援のボランティア活動の協定などが考えられるでしょう．詳細は，各地方公共団体の防災担当機関にご相談ください．

Q24 事業継続計画(BCP)を策定し，地方公共団体と防災協定を結んだ企業に対して，国はISO 9000と同様に，例えば，入札参加資格で配慮するようなことが考えられますか．

A 現在，国や地方公共団体が入札資格の項目に組み入れた例は承知していません．検討はこれからだと思います．例えば，物資・サービスの供給契約のように，災害への備えが優れた企業なら災害時の確実な供給につながるので，優遇する理由になる可能性はあるものと考えます．政府の入札参加資格以外にも，国の対応を待たずとも個々の地方公共団体が自ら判断できる分野はあり，地域の実情に応じて工夫した取組みが期待されます．

Q25 大規模地震対策特別措置法(大震法)にもとづき，地震防災対策強化地域内の施設や事業所に作成が義務づけられている「地震防災応急計画」と事業継続計画(BCP)には，どのような違いがありますか．

A 「地震防災応急計画」は，地震防災対策強化地域(現在，東海地震のみ決定済み)内で，防災上重要な一定の施設または事業を管理・運営する者が，地震予知が行われた場合に，地震防災のために講ずる措置や教育広報に関することを定めるものです．したがって，東海地震の予知が行われた場合の対策が中心の計画です．

一方，事業継続計画は，東海地震の影響がある地域では想定するリスクに当然東海地震を含めると考えられますが，それ以外の災害や事故も幅広く想定します．また，想定リスクを東海地震に限ったとしても，地震対策強化地域外の顧客や取引先との関係も含め，事業継続に必要なあらゆる要因を考慮する点で違いがあります．

巻末資料

1. 民間と市場の力を活かした
防災戦略の基本的提言（抜粋）

2. 東海地震の地震防災戦略（抜粋）

3. 「防災に対する企業の取組み」
自己評価項目表 第一版 集計表

巻末資料1　民間と市場の力を活かした防災戦略の基本的提言（抜粋）

平成16年10月中央防災会議「民間と市場の力を活かした防災力向上に関する専門調査会」
（全体は，内閣府防災担当のホームページ
http://www.bousai.go.jp/MinkanToShijyou/kihonteigen.pdf　2005年11月現在を参照）

【はじめに】専門調査会から国民へのメッセージ

○　地震などの大災害に備えるためには，自助，共助，公助の適切な連携・組合せが必要であり，行政は勿論のこと，社会の構成員が全員で取り組むべき課題です．したがって，一般市民，自治会，企業，NPO，市町村，都道府県，国の各構成員が，それぞれの役割を認識しながら取り組んで初めて達成できるものといえます．

○　これまで，行政の役割や，1人ひとりの市民が自ら備えるべきこと等については議論されてきましたが，例えば地域全体として，自治会，商店街，PTAや各種NPOなどがどのように連携して地域の力を発揮するか，あるいは全国的に業務展開をしている企業などの役割はどうか，という論点については，あまり議論されていませんでした．

○　また，議論の対象も，日頃いかに準備をして地震に強い社会を作るのかという議論より，地震などの災害が発生した後の行政の危機管理やボランティアなど，目に見えやすい議論に集中しがちでした．

○　今まで何度となく防災対策の重要性が指摘されながら，大きな災害発生から時間が経つと，1人ひとりの市民や個々の企業等の中で，防災意識が低下しがちになります．このため，**可能な限り平時の社会システムの一部として，防災を定着させていくこと**が，社会の防災力を高める上で重要です．平素からの市民の活動や企業の活動の中に災害に備えるという意識が根付くような社会の仕組みや地域での取組みをどのように構築し支援するか，具体的に検討を行っていくことが重要です．

○　国土の特性として地震等が多く発生し，わが国の都市の自然災害のリスクは，他国の都市に比べ高いことはやむを得ないことですが，「災害」というのは，それを迎え撃つ社会のあり方によって態様が大きく変わってきます．過去の経験を活かし，「地震⇒被害発生⇒復旧」という繰り返しは避けなければなりません．また，私たちの社会が災害にどう立ち向かおうとしているかという姿勢を諸外国に示すことが，国際的な信頼を得る意味からも重要です．

○　中央防災会議は，来るべき巨大地震により，莫大な人的，経済的被害が発生すると想定しています．わが国経済にも深刻な影響を与えることが懸念されます．

○　私たち１人ひとりの力は小さくても，仲間と力を合わせて地域を守ることはできます．１人ひとりの行動をほんの少し変えることで，社会の流れを大きく変えることもできます．企業も含めた社会全体の仕組みを変えることもできます．病気になってしまった後，適切な治療を施すことも必要ですが，日頃の努力の積み重ねで，病気にならない体を作ることがもっと大切です．

○　こうした思いから，私たちの地域や社会を災害に強いものへ変えていくのに必要な行動について具体的な検討を行うために，平成15年９月，中央防災会議に「民間と市場の力を活かした防災力向上に関する専門調査会」(座長：樋口公啓日本経団連副会長(現・顧問))が設置されました．

○　本調査会では，全体会議を３回開催したほか，「市場・防災社会システム分科会」，「防災まちづくり分科会」の２つの分科会を設け，それぞれ５回にわたる分科会で，精力的に議論・検討を行いました．広く国民の方々にご意見を募集し，800件を超える貴重なご提案，ご意見を頂戴しました．

○　この報告は，中央防災会議や政府が必要な施策を講じるための提言であるばかりでなく，国民の皆さんに対し，今後こういう取組みを行うことで，私たちの社会や地域が，災害に強いものへと変わっていくのではないか，という提案でもあります．

○　このため，従来の報告書のように，結論を体系的に整理するという取りまとめ方をあえてしませんでした．専門調査会での個々の議論の内容や，国民の方々から寄せられたご意見も紹介し，また，各地での実際の取組み事例を織り交ぜながら，様々な課題や提案を整理しました．この中から，行政，企業，NPO，１人ひとりの国民として，やれることから実行に移していただくことで，私たちの社会や地域を変える大きな一歩を踏み出すことができるのではないかと考えています．

II 多様な主体による取り組みを具体化し，そのための環境整備を実施

II－２ 企業による取り組み

⇒概念整理

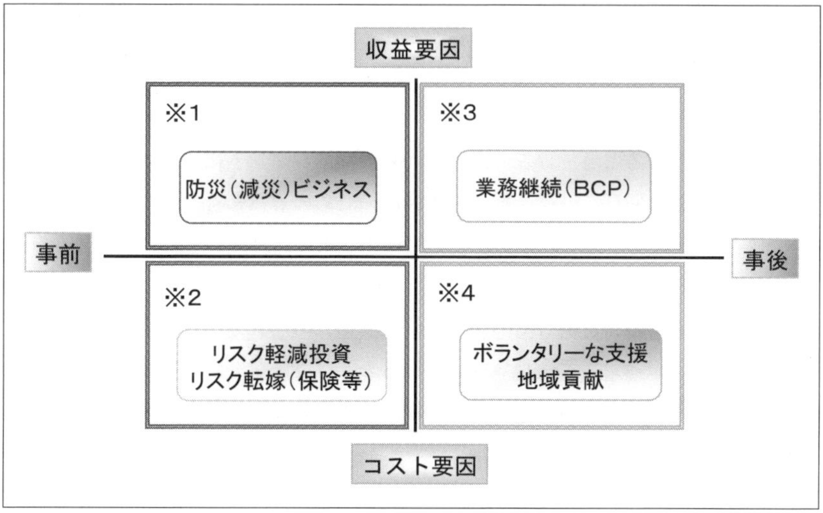

○　「防災（減災）ビジネス」の市場が十分育ち，「リスク軽減投資」や「業務継続計画（BCP）」の取組みが十分行われ，そうした企業が適切に評価されるためには，「情報開示」が重要．

○　情報の非対称性を解消するための**「情報開示」，「説明義務」に関する仕組みを構築**し，市場メカニズムを活用して，財・サービスや，企業の取り組みが適切に評価される仕組みを構築することを目指す．

Ⅲ 具体の方策

Ⅲ－2 企業と市場の力をよりよく発揮させるための方策

① 企業の業務継続支援

・これからの企業の防災対策は，個々の事業所ごとの対応ではなく，災害時に可能な限り短期間で重要な機能を再開するための対応方針を，全社的な経営戦略として事前に準備することが重要と言われている．

⇒業務継続計画（BCP：Business Continuity Plan）

・企業の業務継続計画（BCP）で重要な視点は，『いざというときのための計画』を作ることではなく，平時からのマネジメントに活かすこと．

・業務継続計画（BCP）は，経済被害軽減のためのもっとも効果的な対応の1つ．発災後の企業の業務継続を確保するため，平時から対策や備えを進めることを促すことが必要．

・**企業の業務継続計画（BCP）策定を促進するため官民連携して環境整備**

・首都圏，東海地震強化地域等におけるライフライン，金融・株式市場等の早期復旧にかかる目標を企業側が設定**するのを政府として環境整備・支援**

○ BCPを策定することの重要性は，同時多発テロ以降つとに指摘され，米国企業を中心に多くの企業で導入されているが，わが国企業は，米国企業と比べ，導入していない企業の割合が高いとの調査結果がある．

〈施策イメージ・施策検討の方向性〉

★ 業務継続計画（BCP）の**ガイドラインを官民連携して早急に策定**する．また，規格化についても検討する．業務継続計画の要素ともなる「防災会計」（各種防災投資に関する費用対効果）についても検討を行う．これらのため，政府と経済界との意見交換も恒常的に行う．

★　業務継続計画（BCP）の導入と，それに基づく防災投資，企業と地方公共団体との連携を促進するため，**税制特例措置，政策融資その他の支援措置**の早急な導入を目指す．

★　業務継続計画（BCP）策定とその実行に関する知識，技能をもった「業務継続計画策定士」のような資格を持った人材の育成を支援する仕組みを官民連携して検討する．

②「民間の力」の活用方策（企業の減災投資，地域貢献等）

- 「民間の力」を活用する上で，減災投資や地域貢献がコスト要因と認識されがち．
- 必要な貢献は，地方公共団体との協定で位置づけ，企業の一方的な負担とならない工夫が必要．（地域防災計画へも位置づけ）
- 企業の取り組みに関し，何らかの規制等が障害になっていないかどうか，政府として現状把握が必要．（例：生活必需品供給業務等の円滑な継続に向けた環境整備）
- ベストプラクティス事例を収集，公表する仕組みを官民連携して構築．

〈施策イメージ・施策検討の方向性〉

★　企業も，大規模災害発生時には，企業特性を活かして地域のために様々な活動を展開．最近では，地方公共団体と事前に協定を締結する場合も増えている．

例えば，建設事業者が地域で「安心重機ネットワーク」を構築しようとする動きなど．政との連携のあり方について検討が必要．

★　企業が協力できることを提案する機会を設け，必要なものは地方自治体の協定に位置づける．

★　各地域の特性や災害危険性等を踏まえ（首都圏，東海地震強化地域等），モデル地域を選び**「地域防災活動計画モデル研究」**を政府として推進する．本研究では，災害を想定し，発災直後から数時間，数日，数週間，数ヶ月，数年後等の各局面で，当該地域の企業や防災まちづくり主体と行政が，協力して行うべき活動，そのための各種課題（規制の取扱い等）を検討・整理し，具体的な対処方法等を研究し，公表する．官民の関係者が平時から準備しておく仕組みのモデルとし，防災に向けた企業等の活動の促進も図る．

⇒発災後にどのような規制等があるか，あるいは必要となるかを事前に確認すること，また，それらが企業の協力や業務継続の観点から課題がある場合にその点を事前に議論・検討しておくことは意味がある．

③　ビジネスとしての防災対策促進(←p185の図の※1)

- 防災ビジネス市場の育成方策を政府も民間とともに検討する必要がある．
- 今後増加が見込まれる不動産証券化に伴うデューデリジェンス(精査)に際し求められる建築物の地震リスク評価(PML評価)を官民ともに適切に活用する
- 近年関心が高まりつつある「社会資本のライフサイクルマネジメント」の考え方を，官民ともに建築物の安全性確保に活用する

〈施策イメージ・施策検討の方向性〉

★　防災ビジネス市場が育つためには，そもそも，防災に関する情報が社会で十分共有されていることが必要．

★　耐震性に優れた建築物，防災性能が高い商品・サービスを開発し提供する企業の情報などを，広く社会に伝える仕組みを官民連携して構築する．

⇒例えば，そうした商品，サービス等に**「防災マーク」**を付与する仕組みを具体的に検討する．また，必要な防災性能に関しては，**「防災JIS」**のような規格化を検討する．

★　防災性能の高い商品，サービス等を紹介する機会を官民連携して増やす．

★　不動産証券化に際して行われる「地震予想最大損失(PML)」評価等に関する情報収集と，環境整備に関する検討を官民連携して行う．

④ 「市場の力」の活用，企業評価，防災規格の検討

- 耐震性に関する情報開示を徹底することや，不動産証券化において地震リスク評価（PML 評価）を活用することで建築物・住宅の耐震性を高めようとすることは，「市場の力」活用の典型例．
- 耐震性以外の分野でも，「市場の力」を活用するため，官民連携して，情報開示・情報提供を徹底する必要がある．⇒「防災マーク」もその一例．
- 企業の防災投資や防災マネジメントが，投資家から評価される仕組みを官民で構築することも有益．⇒企業の社会的責任（CSR），社会的責任投資（SRI）の考え方を応用．
- 防災格付け，防災パフォーマンス指標を官民連携して開発し，政策融資等と連動させることを検討．
- 個々の商品・サービスだけではなく，企業の業務継続計画（BCP）のようなマネジメントの手法ついても規格化について官民連携して検討．
- 企業のリスクファイナンスの仕組みについて，官民連携して必要な情報を収集し，課題を検討．

〈施策イメージ・施策検討の方向性〉

★ 官民連携して企業の「防災パフォーマンス指標」を開発し，「防災 CSR」に関する検討を行う．（注）企業の社会的責任（CSR：Corporate Social Responsibility）

★ 防災関係で必要な規格化に関し官民連携して検討を開始する．

★ リスクファイナンスの実情と課題に関する調査を官民連携して実施する．

【おわりに】

○ 以上の通り，本専門調査会では，民間と市場の力を活かした防災戦略の基本的考え方として，現状，課題そして方向性を示しました．特に，方向性の中で，今後取り組むべき具体の方策について幅広い事項を取り上げました．民間と市場の力の活用という観点で，国民自らや地域，企業ができることを重視して議論したため，「自助」，「共助」について多く記述しました．その分「公助」に求めるも

のが見えにくくなった面がありますが，民間と市場に係る防災分野でも政府による「公助」の役割が大きいことは，委員共通の認識です．

○　本専門調査会としては，以上であげた具体の方策のうち幾つかでもすぐに取り組まれ，実現されることが大事であり，かつ，誰が主体となり何から取り組むかがしっかり判断されるべきだと考えています．

○　また，その際，災害が起こる時間帯も考慮した施策の取り組みの観点が不可欠であることや，ハード面の対策よりむしろソフト面の対策にどう進めるべきかの難しさがあることに留意が必要だと認識しています．

○　さらに，民間と市場の力を活かした防災戦略の展開にあたっては，企業，地域の諸団体，NPO 等も，国や地方自治体が主導する防災対策を受身として実施するのではなく，主体的に対策を講じることが必要であると考えます．

○　一方，政府側には，具体の支援策の実施や明確な方向づけのほか，大目標だけでなく中目標，小目標とできるだけ分かりやすい目標を作り，民間側の各主体が取り組みやすくすることを期待します．また，行政の縦割りを排すべきことについて改めてここで指摘し，各部局の相互協力の必要性を強調します．

○　加えて，地域の防災力を高める力を有する大学やまちづくり・防災に関わる各機構等の積極的・主体的な協力にも期待します．

○　そして，これら各主体が，相互のコミュニケーションを重視し，一層連携を深めていくことが重要であることを改めて指摘します．

○　本専門調査会は，本提言に盛り込んだ広範囲な事項について，問題点の指摘に終わらせず，実現・具体化に向けた検討状況をフォローし，必要な方向付けや追加的意見を出すために，1 年間程度継続することで合意しました．外部の有識者を加えたワーキンググループも設置し，「公助」の役割やあり方，施策実現の優先順位，各施策実現の目標時期や推進体制等を含む幅広い議論を続けていきます．

巻末資料２　東海地震の地震防災戦略(抜粋)

出典）「地震防災戦略」(平成17年3月30日 中央防災会議決定)別紙1

東海地震の被害想定から，揺れ及び津波による被害が甚大であることに鑑み，以下の人的被害及び経済被害の軽減戦略を東海地震の地震防災戦略として，各々の戦略に応じて具体目標の実現を図るものとする．

I　人的被害軽減戦略

【減災目標】　今後10年間で死者数を半減

（死者数を約9,200人から約4,500人に）

東海地震の被害想定の中でも死者数が最大の朝5時，風速15 m/sの地震発生ケースの対策を基本として，今後10年間で下記に示す具体目標を達成することにより，**死者数約9,200人から約4,500人に半減**させることとする．

このうち，

- 住宅の耐震化や家具の固定など揺れによる建物被害の軽減対策により約3,900人
- 津波ハザードマップの作成・配布による早期避難率の向上や海岸保全施設整備の推進など津波による被害の軽減対策により約800人

軽減する．

1．揺れによって発生する死者数の軽減

(1)　住宅・建築物の耐震化

①　住宅等の耐震化

建築物の耐震性の基準は，昭和56年に大きく改正されており，それ以前に建築されたものには十分な耐震性を有していないものがあることから，特に生命・財産に係る被害の軽減に大きく関係する住宅の耐震化を図る．

【具体目標】 住宅の耐震化率 90%(全国)を目指す.(平成 15 年推計値 75%(全国))
【減災効果】 死者数 △約 3,500 人

(2) 居住空間内の安全確保

○減災効果の根拠項目

①家具の固定

②出火防止

○その他の項目

①防災力の向上

ア)自主防災組織の育成・充実

(3) 外部空間における安全確保

○減災効果の根拠項目

①急傾斜地崩壊危険箇所の対策

○その他の項目

①延焼防止対策

②鉄道施設,道路施設の耐震補強

2. 津波によって発生する死者数の軽減

(1) 津波避難意識の向上

(2) 津波情報の的確な伝達

(3) 津波避難施設の整備・充実

(4) 津波防護施設の整備・充実

3. その他重傷者救命のための戦略

Ⅱ　経済被害軽減戦略

【減災目標Ⅱ】　今後10年間で経済被害額を半減
(経済被害額を約37兆円から約19兆円に)

東海地震の被害想定の経済被害額を，夕方18時，風速15 m/sの地震発生ケースの対策を基本として，今後10年間で下記に示す具体目標を達成することにより，**約37兆円から約19兆円に半減**させることとする．

このうち，

- 建物被害の軽減などの直接的被害額として約12兆円
- 間接被害のうち労働力低下に伴う生産活動停止や東西間交通寸断に伴う被害額として約3兆円
- これらに伴う波及被害額として約3兆円

軽減する．

1．直接的被害額の軽減

(1)　資産喪失による被害額の軽減

○減災効果の根拠項目

①　建物被害の軽減

ア)　住宅等の耐震化

住宅等の耐震化を図ることによって，建物被害を軽減する．

【具体目標】

住宅の耐震化率90%(全国)を目指す．(平成15年推計値75%(全国))

【減災効果】

被害額　△約12兆円

2．間接的被害額の軽減

(1)　生産活動停止による被害額の軽減

オフィス等の建て替え等による「民間資本ストック」，死者数の軽減による「労働力人口」の減少が軽減されることにより，生産活動の低下が軽減される．

【減災効果】 被害額 △約２兆円

○その他の項目

① 企業自らの防災力確保

ア）業務継続の取組の推進

業務継続ガイドラインの策定により，企業の業務継続への取組を推進する．

【具体目標】

業務継続計画を策定している企業の割合を大企業でほぼ全て，中堅企業において過半を目指す．（平成16年日本の大企業で策定済み22%，策定中23%，平成15年アメリカの主要企業で策定済み56%，策定中28%）

イ）企業の防災の取組を評価する手法の提示

企業の防災の取組を評価する手法を提示し，その活用により自らの防災の取組を点検することを促進するとともに，進んだ取組を行っている企業がその結果を公表することでメリットを得られるようにする．

【具体目標】

防災に関する取組を評価・公表している企業（上場企業）の割合が5割程度となることを目指す．（現在，環境報告書の作成・公表を実施（翌年に予定を含む）している上場企業が約50%であり，これと同等レベルを目指す．）

(2) 東西幹線交通寸断による被害額の軽減

3. 全国への経済波及額の軽減

巻末資料3 「防災に対する企業の取組み」自己評価項目表 第一版　集計表

出典）「企業の防災の取組みの自己評価項目表」(この資料の趣旨については本書 120 ページ参照)
http://www.udri.net/portal/kigyoubousai/jikohyouka-no1.pdf

企業名：							
属性			設問	レベル			
必須	基礎	推奨		0	1	2	3
0	12	2	I．方針・計画				
			I-a. 方針				
	○		I-a-1. 企業全体に対して明らかにしている経営方針に防災に関する事項が含まれていますか？				
			I-b. 計画				
	○		I-b-1. 企業全体の経営計画に防災に関する事項が含まれていますか？				
	○		I-b-2. 緊急避難についての対策の策定，訓練の実施につき計画に明記されていますか？				
	○		I-b-3. 安否確認についての対策の策定，訓練の実施につき計画に明記されていますか？				
	○		I-b-4. 二次災害の防止についての対策の策定，訓練の実施につき計画に明記されていますか？				
	○		I-b-5. 施設が立地している地域で想定されている災害について，災害が発生した場合に経営に与える影響を評価していますか？				
	○		I-b-6. 災害時に優先的に継続すべき重要な事業について選定し，目標とする復旧時間を定めていますか？				
		☆	I-b-7. 災害対策の計画を策定するにあたり，複数のシナリオ(災害の種類と程度)が想定されていますか？				
			I-c. 組織体制と指揮命令系統				
	○		I-c-1. 平時より防災を統括する組織がありますか？また，その組織には経営層がメンバーに含まれていますか？				

属性			設問	レベル			
必須	基礎	推奨		0	1	2	3
	○		Ⅰ-c-2. 防災を明示的に所管し，日常の主たる業務としている部署がありますか？				
	○		Ⅰ-c-3. 防災に関し，経験・訓練等を通じて必要な知識を持つ要員が確保されていますか？				
	○		Ⅰ-c-4. 災害発生時における指揮命令系統が明確に定められていますか？				
	○		Ⅰ-c-5. 災害発生時における連絡・通信手段が確保されていますか？				
		☆	Ⅰ-c-6. 営業時間外(夜間，休日等)の指揮命令系統が整備されていますか？				
5	15	12	Ⅱ. 具体的施策				
			Ⅱ-a. 生命の安全確保と安否確認				
●			Ⅱ-a-1. 顧客，外来者，周辺住民，役員・従業員について，安全確保手順および緊急避難方法・経路が明確になっていますか？				
●			Ⅱ-a-2. 役員・従業員に対して緊急連絡網を含む安否確認体制が整備されていますか？				
●			Ⅱ-a-3. 救助用具をはじめとした防災用資機材を設置していますか？				
	○		Ⅱ-a-4. 救急救命の訓練を受け，災害発生時に動員可能な人材を確保していますか？				
	○		Ⅱ-a-5. 災害発生時における二次災害防止のための対応体制を整備していますか？				
	○		Ⅱ-a-6. 災害発生時にすぐ必要となる生活物資(水，非常用食料・非常用生活用品等)を備蓄していますか？				
		☆	Ⅱ-a-7. 役員・従業員の家族の安全確保と安否確認の対策を実施していますか？				
		☆	Ⅱ-a-8. 帰宅困難従業員対策を実施していますか？				
			Ⅱ-b. 事務所・事業所および設備の災害被害軽減				
	○		Ⅱ-b-1. 施設の地震対策(耐震化)を実施していますか？				

属性			設問	レベル			
必須	基礎	推奨		0	1	2	3
●			Ⅱ-b-2. 施設の防火対策(不燃化等)を実施していますか？				
	○		Ⅱ-b-3. 施設の風水害対策(台風・洪水・津波・高潮等への対策)を実施していますか？				
	○		Ⅱ-b-4. 設備・機器類の転倒防止策を実施していますか？				
●			Ⅱ-b-5. 必要な防災設備・資機材について定期的な安全点検を実施していますか？				
		☆	Ⅱ-b-6. 高度な耐震技術(免震・制震等)を建物や設備に導入していますか？				
			Ⅱ-c. バックアップ・業務復旧・財務手当				
	○		Ⅱ-c-1. 本社オフィスが機能しなくなった場合のバックアップオフィス(場所)を確保していますか？				
	○		Ⅱ-c-2. 基幹業務システムのバックアップ対策を実施していますか？				
	○		Ⅱ-c-3. 基幹業務システムの各種設備(自家発電装置, 電源・回線など)の二重化対策を実施していますか？				
	○		Ⅱ-c-4. 災害発生時の設備(機器類・システム)復旧について手順が明確となっていますか？				
	○		Ⅱ-c-5. 災害発生に備えた財務手当(保険, 融資, 内部留保等)を準備していますか？				
	○		Ⅱ-c-6. 重要な書類(電子データを含む)を耐火金庫や同時に被災しない場所に写しを保管するなど, 安全な場所に保管する対策を実施していますか？				
		☆	Ⅱ-c-7. 災害発生時において, 事業継続計画(BCP)に基づいた事業継続について対応・手順を明確にしていますか？				
			Ⅱ-d. 災害時の情報発信, 地域との連携・協調				
	○		Ⅱ-d-1. 災害発生時の消防署・自治体・周辺住民への情報発信手段を明確にしていますか？				
	○		Ⅱ-d-2. 爆発や延焼, 有害物質の流出など, 周辺地域				

属性			設問	レベル			
必須	基礎	推奨		0	1	2	3
			に被害を及ぼすような二次災害の防止策を平時から実施していますか？				
		☆	Ⅱ-d-3. 自治体，その他の公的機関と災害時における合意や協定について協議し，協定等の締結をしていますか？				
		☆	Ⅱ-d-4. 防災について地域企業や地域住民と連携した取組みに参加していますか？				
		☆	Ⅱ-d-5. 地域住民に対する被災時支援策を策定していますか？				
			Ⅱ-e. 他企業との共助・相互扶助				
	○		Ⅱ-e-1. サプライチェーン（取引先）との間で緊急避難，二次災害の防止，事業継続など防災に関する相互協力体制を構築していますか？				
		☆	Ⅱ-e-2. 取引要件として事業継続計画を組み込んでいますか？				
			Ⅱ-f. 情報公開・社会貢献				
		☆	Ⅱ-f-1. 防災全体についての積極的な情報公開を実施していますか？				
		☆	Ⅱ-f-2. 災害時等においてボランティア活動を実施していますか？				
		☆	Ⅱ-f-3. 災害時等において寄付を実施していますか？				
		☆	Ⅱ-f-4. 企業・市民への防災セミナーや学校等への防災教育を行っていますか？				
2	2	2	Ⅲ. 教育・訓練				
			Ⅲ-1. 災害発生時の対応・手順について教育・訓練を実施していますか？				
●			(1)緊急避難について				
●			(2)緊急連絡について				
	○		(3)二次災害の防止について				
	○		(4)設備（機器類・システム）復旧について				

属性			設問	レベル			
必須	基礎	推奨		0	1	2	3
		☆	(5)事業継続計画(BCP)に基づいた事業継続について				
		☆	Ⅲ-2. 役員・従業員に対し，家庭における防災対策の支援・指導を実施していますか？				
0	4	1	Ⅳ. 点検・見直し				
			Ⅳ-1. 防災全体についての定期的な点検・監査を行っていますか？				
	○		(1)計画の内容について				
	○		(2)運用状況について				
	○		(3)教育・訓練について				
	○		Ⅳ-2. 防災全体の取組みについて経営者による定期的な見直しを行っていますか？				
		☆	Ⅳ-3. 防災全体についての第三者の診断・監査を受けていますか？				
0	0	4	Ⅴ. 防災に貢献する商品・サービスの向上				
			Ⅴ-1. 自社の商品・サービスに対して，防災に貢献する工夫を行っていますか？				
		☆	(1)耐震性の観点				
		☆	(2)耐火性の観点				
		☆	(3)その他防災に関する観点				
		☆	Ⅴ-2. 防災に貢献する商品・サービスを普及させる活動を行っていますか？				

備考：業態によって該当がない質問項目については，回答の対象外とし，その分を除外して評価してください.

参考文献

1) 民間と市場の力を活かした防災力向上に関する専門調査会 企業評価・業務継続ワーキンググループ：『事業継続ガイドライン 第一版』，内閣府，2005年8月1日.

http://www.bousai.go.jp/MinkanToShijyou/guideline01.pdf

2) 民間と市場の力を活かした防災力向上に関する専門調査会 企業評価・業務継続ワーキンググループ：『事業継続計画(BCP)の文書構成モデル例 第一版』，内閣府，2005年10月.

http://www.udri.net/portal/kigyoubousai/model-no1.pdf

3) 民間と市場の力を活かした防災力向上に関する専門調査会 企業評価・業務継続ワーキンググループ：『「防災に対する企業の取組み」自己評価項目表 第一版』，内閣府，2005年10月.

http://www.udri.net/portal/kigyoubousai/jikohyouka-no1.pdf

4) 神戸新聞社(編)：『「阪神大震災」全記録』，神戸新聞総合出版センター，1995年.

5) 遠藤勝裕：『阪神大震災 日銀神戸支店長の行動日記』，日本信用調査出版部，1995年.

6) 中川尚之：『決断―阪神大震災・ある被災企業の七百二十日』，ビジネス社，1997年.

7) 長岡市災害対策本部(編)：『中越大震災―自治体の危機管理は機能したか』，ぎょうせい，2005年.

上記以外に1)に掲載の参考文献も参照しました(本書115～117ページ参照).

索　引

●編著者紹介

丸谷浩明(まるや ひろあき)

1959年，埼玉県生まれ．東京大学経済学部を卒業後，建設省(現国土交通省)に入省．内閣府政策統括官(防災担当)付企画官として，中央防災会議「事業継続ガイドライン」の策定に携わる．現在，京都大学経済研究所 先端政策分析研究センター(CAPS) 教授．

【著作】『建設経済の基礎知識―住宅・土地・公共投資のやさしい分析』(経済調査会)，『都市整備先進国・シンガポール―世界の注目を集める住宅・社会資本整備』(アジア経済研究所)，『巨大地震―首都直下地震の被害・防災シミュレーション』(共著，角川書店)

指田朝久(さしだ ともひさ)

1955年，東京都生まれ．東京大学工学部を卒業後，東京海上火災保険㈱に入社．1996年東京海上日動リスクコンサルティング㈱設立とともに出向．現在，情報グループ グループリーダー．危機管理，情報セキュリティ，事業継続コンサルティングなどに従事．

【資格】システム監査技術者，ISMS審査員，気象予報士

【著作】『リスクマネジメントがよ～くわかる本』(秀和システム)，『実践 危機マネジメント』(共著，ぎょうせい)，『実践「企業危機管理」読本』(共著，プレジデント社)，他

●執筆分担

序　章　丸谷浩明

第1章　西川　智，指田朝久，丸谷浩明

第2章　指田朝久

第3章　丸谷浩明，西川　智

第4章　丸谷浩明

第5章　丸谷浩明

第6章　丸谷浩明，指田朝久

●執筆協力

近森健三，本多尚登，大西栄一，鈴木のり子

(以上，東京海上日動リスクコンサルティング㈱ 所属)

中央防災会議「事業継続ガイドライン」の解説と Q&A

防災から始める企業の事業継続計画(BCP)

2006 年 1 月 17 日　第 1 刷発行
2007 年 7 月 10 日　第 2 刷発行

編著者　丸　谷　浩　明
　　　　指　田　朝　久
発行人　谷　口　弘　芳

発行所　株式会社日科技連出版社
〒151-0051 東京都渋谷区千駄ケ谷 5-4-2
電　話　出版　03-5379-1244
　　　　営業　03-5379-1238 ～ 9
振替口座　東　京　00170-1-7309

検印
省略

Printed in Japan

印刷・製本　三　秀　舎

ISBN978-4-8171-9170-0

URL　http://www.juse-p.co.jp/

好 評 発 売 中

事業継続マネジメントの構築と運用の実践

——事業継続計画(BCP)の上手な作り方——

KPMGビジネスアシュアランス(株)[編]

A5判・176頁

事業継続マネジメントとは，災害や情報システム障害，テロ，感染症などの事業が停止するリスクに対する最適な対策を行うための経営管理手法です．

企業の取引がグローバル化・サプライチェーン化した昨今，事業継続計画(BCP)を策定し，いざという時にはそれに従って行動できることが求められるようになっています．本書は事業継続マネジメントの構築と運用を手助けする実践書です．

著者たちのコンサルティング実績に基づく次の3つの特長があり，すぐに活用できます．

【本書の3つの特長】

① 構築・運用方法を手順化
② 手順ごとにそのポイントを提示
③ 実践的なBCM文書のモデルを掲載

★日科技連出版社の図書案内は，ホームページでご覧いただけます．
URL　http://www.juse-p.co.jp/

●日科技連出版社